SUDOKU STYLE

WITH 240 PUZZLES

Harper
Collins

HarperCollins*Publishers*
1 London Bridge Street
London SE1 9GF
www.harpercollins.co.uk

First published by HarperCollins*Publishers* in 2017

10 9 8 7 6 5 4 3 2 1

Puzzles by Clarity Media Ltd

Cover Design by S-T

Library of Congress Cataloging-in-Publication Data available on request.

ISBN 978-0-00-826405-5

Printed and bound in China.

CONTENTS

HOW TO PLAY

Sudoku is a simple process of elimination. The aim of the game is to complete all the squares in the grid so that every row, column, and each of the 3 x 3 squares contains every number from 1 to 9, without repetition and without leaving out any numbers.

THE PUZZLES

1

		5			2		6	8
		9	6		8	5	4	
8	6		5			1		2
				8	3			
			4	2	9			
			1	5				
5		8			4		3	6
	2	4	3		5	8		
9	3		8			4		

2

		3						5
5			1	4				3
9			5	3		1		
6		8				2	5	1
3		1				4		8
4	9	5				3		6
		9		2	6			4
7				8	1			9
1						7		

3

	1	5			3		9	8
7						4	6	1
6					8			
		8		1		6	2	
2			5		6			4
	6	4		8		5		
			8					6
8	9	6						2
3	7		6			8	4	

4

		9	6	4			7	
		7		2	8	6	9	
	4		7	9	1			
	2	6			9			
				8				
			2				1	8
			9	1	7		6	
	6	4	8	3		9		
	7			6	4	8		

5

				6	7	1		9
		1	2	9		6		
7			3				2	8
			5					1
	5		1	7	2		6	
1					6			
8	7				4			5
		5		2	8	4		
4		2	7	5				

6

	3	4		8	7	6	2	
		9						
	2		6	5			3	
	6				2	7		
	8	3		9		2	4	
		2	8				6	
	7			4	5		8	
						4		
	4	8	7	1		3	5	

7

					7	1	5	3
3			8	6		7	2	
					5			4
		6	2	8	1			
		7		9		8		
			7	4	6	2		
8			6					
	7	3		5	8			2
6	5	1	4					

8

		1	3	7				
			5				8	7
		7			6	3		2
		6	7		3	2		
7		4		5		6		3
		3	4			9	8	
4		2	6				5	
6	7					5		
				1	4	7		

9

	7	1		2		3	5	
	6	3		5	7		2	1
			9				4	
		6	3		9			
			6					
			2		8	5		
	3				6			
6	1		7	3		4	8	
	2	8		9		6	3	

10

8	3		9		7			
6			5				9	8
						7		
2		4	8			5	1	
5	8			9			6	7
	6	3			5	8		2
		6						
7	4				9			3
			2		4		7	1

11

2		9						
	3					7		
5	1	6	2	4		8		
		1	4	7		3	5	6
				1				
3	6	2		9	5	4		
		3		8	1	5	7	4
		7					3	
						6		8

12

9	4	8					6	
		1					3	8
5	6					1		2
	1	7	4	9				
			8	1	2			
				7	5	4	8	
6		9					1	4
1	8					6		
	5					8	2	9

13

6		3						7
						9		
		7	3	6	9	4		
	4	5	6		3	1	7	
	1			7			9	
	8	6	9		1	3	4	
		8	5	9	2	6		
		9						
2						5		9

14

5	6				9	2		
	8	1	5	4			9	
3		2	1		6		8	
			7					8
				9				
9					5			
	5		2		7	8		9
	1			5	4	7	6	
		3	9				2	5

15

7	3	4						1
	9					4		
1	8				4		5	2
3			1		2	5		
			5	4	7			
		2	8		3			9
8	5		4				2	7
		1					9	
4						6	1	5

16

7			8				6	
5	4					7		
3		6	7	5	2			
1			5	2	6			
		5		1		2		
			4	3	8			1
			6	7	9	4		3
		3					7	8
	7				5			6

17

8			3			5	9	
	7				5			6
				1	6			8
9		8		6	3			
3	5			7			6	2
			4	5		8		9
5			7	3				
6			5				8	
	8	3			4			5

18

	5	9						
6	2			7			4	3
3	7	4						1
					5		3	
1	8		2	9	7		5	4
	6		4					
9						4	8	5
7	3			8			1	9
						3	7	

19

9			5		2			
		5	7				9	
8	4			9			2	
6		4	2					
7	5		6	8	9		1	4
					4	2		6
	6			2			7	9
	9				7	5		
			9		3			1

20

	7				9	5		
			4	3	5	2	7	
			7					
7		1		9	3		4	
	9	4		1		3	2	
	3		2	5		1		7
					2			
	5	3	9	8	6			
		9	5				8	

21

			3	6	2		5	8
	3		5					
	2				7			
3	4				8		7	2
	8	2		7		5	9	
9	7		6				1	4
			1				4	
					4		2	
4	9		2	3	6			

22

		5				2		
4							5	3
2		8			5	6		4
		3	1	9				2
6		4		8		5		1
7				6	4	8		
5		7	3			9		6
9	8							5
		6				1		

23

8	2				3	4		
	7	4	8				3	
3				4			8	7
1	6		2					
9				3				2
					1		4	6
5	9			2				3
	3				8	5	2	
		2	3				6	9

24

4		1		9	2			
7	5	2			6		8	
			8	1				
2		3			7	8		
		4				6		
		8	1			2		9
				2	9			
	2		4			1	9	6
			6	8		7		2

25

5	6	1			8			3
							8	6
			9	3		5		
7	1		4					5
2	4						3	7
6					1		4	2
		7		8	9			
1	8							
9			5			7	2	8

26

		8		3		7		
		3		6	5			9
4	6			7				
	3					9		7
8		6	7		1	3		4
1		9					2	
				2			9	3
3			6	1		4		
		2		5		1		

27

8		3			9	1	7	
	5				7	3		
9			6	3			8	
			4	2				
	9		3		8		2	
				9	6			
	4			6	2			3
		8	1				4	
	1	9	8			7		2

28

	2	5						
4				9		7		
9	6			2	5		4	
			5	6			1	
6		2	8		7	9		5
	1			4	2			
	9		2	5			8	3
		6		8				9
						1	2	

29

7				9	2	8	5	
		2	7				9	
				5	6	2		
	9			8				
	2	7	6		9	5	8	
				7			6	
		4	1	2				
	3				7	9		
	7	8	9	6				1

30

9						7	8	1
6			8	1		5	3	
			9		3			2
		1	6	2	9			
			3	8	5	1		
5			1		8			
	1	6		9	2			5
7	9	2						4

31

	5	8						
3	6	4	9	2				
9		1	3				4	
4			2				6	
		9	6		5	1		
	2				7			5
	9				2	5		4
				8	9	6	1	2
						9	7	

32

3				1			8	9
			9			1		
1			3	2	8			7
		1			9	8		
7	6						9	4
		9	4			7		
9			8	6	7			1
		4			3			
8	1			9				3

33

				8	9			6
8		9		2		7		
6			7				4	
5	7	3	8				6	
			3		2			
	1				5	3	8	9
	8				4			5
		5		6		1		4
4			5	1				

34

			1				9	
6		3	9	5			7	1
				6	7			2
	5			1			3	4
		2				7		
3	1			4			8	
2			8	7				
7	6			3	5	1		8
	3				1			

35

	9		7	8		5		
4				2			7	
6				9		1		
9		4			2			
7		3	1		5	8		4
			8			7		2
		9		3				1
	6			5				7
		5		1	7		6	

36

8		9	5				7	2
	7				3		8	6
				7	8			
	6	7				1		9
2								4
4		5				7	3	
			1	5				
1	5		6				9	
9	8				7	6		1

37

			6				1	
		3			1	2		
2	1		3		5	9		7
1								
6	8	7	5		3	1	2	9
								8
4		8	2		9		5	1
		9	1			8		
	7				6			

38

		2		3		1		5
6	9		5				2	
1			2		9			3
				8	3			
		4	9		6	3		
			1	5				
4			3		5			2
	2				7		6	8
5		1		9		7		

39

	6		8				7	9
						6		
7			6	3			4	1
	7	8			2	9		
		3	7		6	1		
		2	4			7	6	
2	9			4	3			6
		1						
5	3				8		1	

40

				1				2
5	3		2			9		
1	7			3			5	
	5		9			1		
3		8	7		1	4		5
		7			3		9	
	4			9			2	6
		3			6		4	1
7				4				

41

5			6	3	2	9		
	7		9					
				7	4	2		
	4		5				9	3
		5	7		8	6		
9	2				6		5	
		4	2	8				
					9		7	
		9	4	6	3			2

42

						1		
7			2		8		6	4
6		4			7			5
				8	4	7	5	
	8		1		9		3	
	1	7	5	3				
2			3			5		6
1	6		7		5			8
		5						

43

		7		6				4
			1			3		
	6		2	4				1
6		9	5			4		7
3	7						1	8
8		1			3	2		6
9				5	4		7	
		6			7			
7				3		1		

44

	8	1		4	5	2	3	
	7	4						
	3		8	6				
		8		3				
	5	6	4		8	3	1	
				7		5		
				8	3		9	
						6	4	
	2	5	6	9		7	8	

45

		1	8			7		
7	3		4		1		9	2
	4	5			2			
8					4			
		4	3		8	1		
			2					4
			9			4	3	
4	2		1		5		7	9
		9			3	2		

46

				5	7			
7	1		2				4	
5		9			4	8		7
9		8					6	
3			9		1			8
	7					9		2
2		1	3			7		6
	4				6		9	3
			7	9				

47

		1	5			7		
		8	1					6
	9						4	1
		4			1	6	7	
	1	5	2		6	4	3	
	2	6	4			9		
4	6						8	
8					4	1		
		9			2	5		

48

			4		8			9
		4	6	7		8	2	
		2		1			6	
2				5		9	8	
		5				4		
	8	9		6				3
	5			4		1		
	1	3		8	6	2		
9			1		7			

49

		8		2	6	5	7	
7		9				2		4
		2	9				8	
2	1			5	9			
			7	1			5	2
	2				7	8		
3		5				6		7
	8	7	4	6		1		

50

		2	5		3	8		4
4		6		1		2		9
	1							
				9	7		4	8
			4		1			
3	4		6	8				
							2	
6		9		5		4		1
7		3	1		9	6		

51

5	3	8				9	7	
	1	2	7			3	6	8
4			3					
				1	3			
	5						1	
			6	5				
					6			2
3	2	4			1	6	8	
	6	5				1	4	9

52

3			5			2		7
1		4	2	7	9		3	
8					3			
4			6	5		3		
		6		2	1			5
			4					3
	2		3	1	5	4		9
9		3			2			6

53

	6			3				1
						4		
1		9		6	4	8	2	
3			4			5	1	
		8	6		5	2		
	1	4			9			8
	9	1	8	4		3		6
		3						
6				9			8	

54

	1						7	
	7	2		9	1		5	3
			4					6
2	9					6	4	8
			1		2			
7	3	4					1	2
1					9			
6	4		5	1		7	2	
	2						8	

55

	1							6
9		2	5					
		6		3	1	2	4	
	8	4			5			
2	9		4		3		6	1
			9			3	8	
	2	5	1	9		4		
					6	1		5
1							9	

56

	3	5	4	7	1	6		
7					9			
		1				7	9	
2			1	4	5			9
1			6	3	8			2
	5	2				9		
			7					4
		7	5	1	3	2	8	

57

			8			5		7
	8	5	7	4			3	1
	7							
	3			2	7	1		
5			9		3			2
		6	4	8			5	
							1	
8	1			7	5	9	4	
6		4			8			

58

			2					4
	5		3		4	7	2	
9					7		5	1
3							1	
5	8		7		9		6	2
	2							3
2	3		5					8
	1	5	9		3		4	
7					6			

59

		8	2			3		
	2			4		5		
	7		9	5			2	
1				9	2			7
	6	2				1	5	
8			5	6				4
	8			2	5		3	
		3		7			4	
		5			9	7		

60

5	3		8			1		
	9		3		7			
				4	5			
1	6		2				4	
9	4		7		1		5	2
	2				9		6	1
			9	8				
			5		4		1	
		2			3		8	9

61

6	3	4		8	1		7	
				2			9	
		2				1		
3		9	2	7				
2			1		9			8
				4	3	9		2
		7				3		
	5			3				
	8		7	1		5	2	9

66

62

	8			4		7		5
		4	1		3	8		
5			7		8	3		
	6	5	4	3				
				7	2	6	5	
		7	2		4			3
		3	8		7	5		
2		6		9			8	

63

2	3			7			9	
4	8		2		6		5	
		5				6		
		7			9			5
	9	4				2	6	
5			3			9		
		1				7		
	2		1		7		3	9
	4			8			1	6

64

4				1	3	9		8
			7	8	4	3		
			9				5	7
			8	5				
	8		3		9		4	
				4	6			
6	5				8			
		8	4	3	5			
3		2	6	7				5

65

	1		9					7
7	9	6			3			
4				1		9	5	
					5			4
	4	9	8		6	5	7	
8			1					
	7	4		5				9
		4				7	3	6
2					9		8	

66

			1				3	7
		7			9	6	5	
5	2				6	8		
1			9			3		
	6		3		2		9	
		3			1			8
		1	6				8	3
	3	8	5			9		
9	5				3			

67

	1	2	7	3			4	6
5	3	8	4					9
			9					
	5			1		6		
			6		9			
		1		7			3	
					8			
1					3	7	9	4
6	9			4	7	2	1	

68

	4				8	3	2	
								1
	2	3		5		8		6
	3		2	6		5		
7		2				6		4
		6		1	7		8	
3		5		2		1	4	
2								
	7	4	5				3	

69

						2	7	
7	3		8					
		8	7	6	4	3		
4	6		2	5				
	1		6		7		2	
				8	1		6	3
		6	3	7	9	5		
					8		3	7
	5	7						

70

						9	3	
6			9	2				8
				5		4		2
4		6	2	3			5	
8			7		6			4
	7			8	5	1		6
3		8		7				
9				6	2			5
	2	5						

71

		5		9		8		
	8			5			9	2
	3						6	7
	6		9	7				
	4	8	2		5	9	3	
				3	4		8	
8	5						4	
3	1			2			5	
		2		4		3		

72

	7					6		
8		4	6			3	2	5
		2						1
		6	1	7		5		4
5								2
2		7		5	8	9		
1						4		
7	2	3			4	1		9
		9					6	

73

2				8			5	
		6	5	3		8	4	7
		7			1			
				2		4	1	8
	7						3	
5	4	8		6				
			2			7		
4	8	1		7	6	2		
	2			5				4

74

8	7		1		6		3	9
9								
6			8	9				4
	8			3		4		
		1	2		5	6		
		2		8			1	
1				6	8			2
								7
2	5		4		9		8	6

75

						3	9	
5		8			1	7	6	2
2		9	7	5				
				8		9		7
	9						1	
3		7		1				
				4	2	5		8
8	2	6	5			1		4
	5	4						

76

								9
			9	5	4			
8		9	6		1			2
4	3	1	5			2		6
	6						3	
7		2			6	1	9	4
2			4		9	6		3
			3	2	5			
1								

77

	4	6				8		
				4				
	3		8	5			4	9
	1	7	5	3		6		4
	6						9	
4		2		6	8	3	1	
6	8			1	4		7	
				9				
		4				1	5	

78

	3	4		7	6		5	
5	1							9
			9				4	
	8		6	1				
6	4		8		7		2	1
				4	2		6	
	5				8			
3							1	7
	7		3	6		4	8	

79

4			8		3			5
3	7				9			
	6						3	
6			4	8	1		7	2
			2		7			
7	1		9	3	6			8
	4						5	
			6				1	3
1			7		2			4

80

		9						
		4	5	7	1			9
2			9	4				
7		8	3		5	4		
6	1						9	2
		3	6		9	5		7
				6	8			3
5			1	9	7	6		
						9		

81

		7		6	2		8	3
3				9				
			8	3			1	
	6				8	1	2	
2	9						7	4
	1	4	2				6	
	7			2	9			
				8				7
6	3		7	1		5		

82

		3					6	
		5	8	1		4	7	
	9		6	5	7	2		
	5	1		3				
			7		5			
				2		8	5	
		7	3	8	1		2	
	4	2		7	6	3		
	1					7		

83

					2	9		7
			8					2
		2	3		9		6	5
7		4					5	
5		3	2		4	6		1
	1					4		8
9	2		5		8	7		
3					6			
1		8	7					

84

			9				2	
					5	8	6	
				7		9		1
		6	7	2		5	1	
	5	1	4		6	2	3	
	9	8		5	3	7		
5		3		8				
	6	9	2					
	1				9			

85

9	2			3				7
		4					2	
3			1			9		5
	9	3	7	5				1
1								3
6				1	3	4	5	
4		9			1			6
	6					1		
8				4			9	2

86

8	5	9	4	2				
		4	5					
	2							7
7	1					5		2
4	9		7		5		6	8
5		6					7	3
9						2		
				2	8			
			9	4	7	3	1	

87

	5	7	1					
4	3		2					
2	8	9		6				
	2		9	4		6		
		4	6		1	7		
		5		2	7		4	
				7		2	9	8
					2		6	7
					6	5	1	

88

	5	8		1				
		1	3					
	9	3	8	7	5		4	
		4	5	3			9	
	8						2	
	3			2	8	1		
	7		4	9	6	8	1	
					1	7		
				8		4	5	

89

		9						
	6	3	9	7	4			
7		5			8	4		1
2			6	9	3			
		1				6		
			1	8	7			2
5		7	8			9		4
			5	4	6	8	1	
						2		

90

			1		7			5
				3				
	7			4		8	6	
8	2				4	7	1	
7	1		2		6		3	4
	9	6	7				5	8
	3	7		2			9	
				7				
2			3		9			

91

6		5	8					3
		3	6			5	1	9
				5		6		
		2	9				3	5
1								8
7	3				5	4		
		4		2				
3	2	1			8	9		
5					1	8		4

92

7			3	1		2		6
					7			
6		1	9				7	
	1	3		7		4		9
		7				6		
8		6		4		7	3	
	3				6	9		7
			4					
2		5		3	9			4

93

		6						8
			7	6		4		1
		5		1		7	6	
8	6	9					3	
	1		6		9		2	
	2					9	8	6
	8	2		9		6		
6		4		7	2			
3						2		

94

8		6	4			2		3
	4		3		5		8	
3								
6			7		2		1	
	7	4				5	2	
	8		6		4			7
								2
	2		8		1		6	
1		9			6	7		8

95

	5				2			6
6			7	9			4	
		2		4		3	9	
4				7	3		6	
5								8
	6		5	8				3
	8	5		3		2		
	4			5	7			9
3			4				5	

96

			4					
		3		8		6		2
6		9		2		4	7	5
	3		9	6		2		7
9		2		5	8		6	
2	1	5		4		7		3
7		4		3		5		
					2			

97

	7		2	3		4		1
		4				7		
2			4				9	
6							3	4
4	8	1				9	2	5
5	2							6
	3				6			9
		2				6		
1		9		7	2		4	

98

8		5	3		9			
4	1		7	6	8	3		
						4		
9					3	1		
2			8		7			6
		3	4					8
		1						
		2	9	8	4		1	3
			5		1	6		4

99

6			1		4		3	
			9	3				8
	3			2	5	7		
4			2				5	
		7	5		1	3		
	1				8			4
		1	8	5			9	
8				1	9			
	5		4		2			7

100

5		3			7			2
2				1		3		
			3	2	9	5		
		6	4					9
9		1				6		5
8					9	7		
	3	2	7	4				
		8		2				7
1			8			2		3

101

	8	1	5	3		4		
9	3				6			
							8	
			9		3	5	7	
	1	8	7		2	9	6	
	7	9	6		8			
	9							
			1				4	3
		4		7	5	6	9	

102

	6	7	5	4			9	
2				8				
3	5				9			
	3	5	9	2	4			
9								4
			1	7	8	9	3	
			6				2	1
				1				9
	9			3	2	6	5	

103

6				1			3	
		8	7	3			5	2
		4		9	2		7	
						7	8	5
	5						4	
2	8	6						
	4		9	7		8		
8	6			2	5	9		
	2			4				7

104

						6		1
	7	1	6		5			
	8		4		1	5		7
7			3			9	1	8
2	1	3			8			5
4		2	7		6		5	
			5		9	2	7	
8		7						

105

7		8			4	5	1	
				5				
9	5			8		7	6	
8			9		3		7	5
4	3		2		6			1
	7	3		9			4	6
			6					
	4	9	3			1		8

106

6			3	7		5			4
	4						6		
		8	3	4		7			
	5	7		1		3	6		
	9	6		5		2	7		
		4		3	1	9			
		2					4		
9			4		7	1		6	

107

					8	9		
7				1	4		3	
4		8		9		1		2
			3		1			9
1	8						6	3
5			6		2			
3		7		4		2		8
	4		1	2				7
		5	8					

108

	3				2			
1	5	2			4		8	9
4		8	9			2		
			7					2
		5	1		3	4		
2					6			
		4			8	1		3
3	8		2			6	5	4
			3				9	

109

6		1		7			4	5
9				4	6	7		
	8			5		3		
		2	5					4
	4						6	
7					4	8		
		8		1			9	
		4	6	3				8
5	9			8		4		1

110

9		3	4		1		7	
4	1					3		
2			3	7				
7			5	6	3			
		4				6		
			1	4	9			3
				3	8			5
		1					3	6
	2		6		5	4		7

111

		1		5	6			
9						7	5	
		4	3					1
7	3	9		6	5			8
	8						9	
4			8	1		5	3	7
6					4	8		
	4	7						3
			6	7		4		

112

7				5	2			
5	2							3
		6	4		7			
	7			2	6	8		
6	4		8		9		3	2
		8	3	4			7	
			9		3	2		
9							4	7
			7	8				6

113

4					5			
		1			2	4		3
	6			4			8	5
1	3	5						7
7		6				8		2
2						5	3	1
8	1			7			5	
9		3	5			7		
			2					9

114

				5			6	
		7						4
		9	6		3	1	7	
	5		4				8	9
	4	3	5		9	7	1	
7	9				1		5	
	1	6	9		5	2		
9						6		
	3			1				

115

9		4	7	8	3			
	2	3	4					
								4
	3		2		6			8
	8	1	9		4	2	7	
4			3		8		9	
1								
					2	7	8	
			8	3	7	6		1

116

4			7		1		8	
				9			5	
		9			8	3	1	
	1	8		3			9	2
2								3
3	9			1		8	6	
	3	7	8			5		
	4		7					
	6		9		5			1

117

5				2		6		
	6		5		3			
	4	2			6		8	3
	5				4		2	
7		4				9		6
	2		3				7	
1	9		4			3	6	
			2		9		5	
		5		3				9

118

			5			4		
9	4	6		8			5	
8		5		2				
		6			3	7		
4		3	9		8	2		6
	6	8			2			
			1		6		5	
	9		3		7	2	1	
	1		6					

119

	4		5				3	7
		8		4				
3		1		7	2		6	4
						7		8
		7	6		4	2		
1		4						
9	7		1	3		4		5
				2		3		
4	3				9		8	

124

120

5				4		6	3	2
			1		2		5	4
					3	1		7
			4	1				3
	4						1	
2				8	9			
1		9	6					
4	5		8		1			
7	6	2		3				1

121

		5			6	9		7
				5		6		
	2		1	7			3	
	3							8
	1	8				7	9	
6							5	
	6			3	4		7	
		3		1				
2		4	9			5		

122

9					3		7	
8							9	
	2			5		3		1
5		2			1		8	
				3				
	4		8			9		3
3		9		2			1	
	1							4
	8		6					9

123

3				7	4			2
				1	6	8		9
	9						7	
	6	5						
9		7				5		8
						9	6	
	7						1	
6		2	7	9				
4			6	2				3

124

				6			1	7
	6	8		9				
1		2		4				
	3		9			7		4
6								1
2		7			5		6	
				5		1		9
				7		5	4	
3	5			8				

125

4				8			7	
7		3		9	2	4		
		6	1					
						3		
	2			3			8	
		8						
				1	6			
		9	7	5		1		8
	1			4				9

126

	1					2		
	9			3			7	
5		4		7	6			
		2			5			
8	5			9			3	2
			2			5		
			6	5		9		7
	8			1			5	
		5					6	

127

	7							
		4	9	5	7		2	
8			1	6			3	
			3					7
	9			4			5	
5					1			
	4			8	6			3
	8		5	3	9	2		
							9	

128

							9	
2			4		8			3
		3				4	1	8
4					9	1		7
	7						6	
1		6	2					9
9	5	2				8		
6			9		5			4
	4							

129

		2		4			6	
4			1				5	
					8			2
2	4			9			8	
5				2				1
	8			1			2	5
3			7					
	9				1			8
	6			3		2		

130

4			5		2			
	1		7	6				
2	6	9						
9	5				6			8
	4						1	
3			1				5	4
						4	9	3
				7	4		6	
			6		5			1

131

5			4			9		
	1				9		5	3
					6	4		
3	4					2		
		1				7		
		5					1	6
		2	3					
7	8		9				6	
		3			4			8

132

4		3				2	7	
	8	7			4	1		
		2			9		4	
				6			3	
			5		7			
	4			3				
	1		6			7		
		6	2			4	1	
	7	5				9		6

133

			4					7
					6		2	5
	9			2			8	
3				8	4	2		
	2			7			5	
		4	2	6				3
	1			5			6	
6	5		8					
2					3			

134

					8			1
			3			4		2
		2			9			
	8			4		2	3	
5								7
	2	3		1			9	
			1			7		
7		6			3			
4			5					

135

4				8				7
			1			2	4	
	5						8	6
			8		5			2
	3		2		4		7	
8			9		6			
2	8						9	
	1	9			3			
7				9				3

136

		7	2					4
	6				5	1		8
	3			6				
6			8		7	3		
				2				
		2	3		6			5
				1			2	
4		8	6				5	
7					9	8		

137

	3					5		
		5	7	9			4	
8			3	5		9		
	9				6			5
				3				
1			2				7	
		1		7	9			4
	4			6	3	1		
		9					8	

138

		9	4			3	6	
				1		4		
	2				8		7	
						6	4	
6		4		3		5		1
	5	2						
	6		2				8	
		5		9				
	4	7			5	2		

139

							2	
	4		1		8		5	
2			7	5				6
		3		8	6			1
8			2	3		6		
3				6	1			7
	7		5		9		1	
	8							

140

1								
9			2				1	3
		7			3			8
					6	3		
	7	9		4		5	6	
		5	8					
6			4			1		
2	4				7			6
								9

141

					2		6	
	1							2
		9	4	1				7
		6	3			7	4	
7		3				8		5
	9	8			7	6		
9				7	4	3		
3							7	
	8		9					

142

	5				4	3		7
						1	5	8
		9						
		5	1	7				9
	2			3			4	
1				2	5	7		
						4		
7	1	2						
9		4	3				1	

143

	3					4	2	6
5				2				
1	2			6				8
						6	3	
			2		5			
	9	7						
3				9			4	2
				1				7
9	7	8					1	

144

						6		5
				9	7			
1	3	6					7	
4	8							
2		1		8		4		7
							9	1
	4					2	6	9
			8	5				
3		9						

145

	2	4					1	
			7		4		9	2
					2		3	
8			9					
	5			8			6	
					3			9
	8		6					
4	1		8		7			
	6					2	8	

146

6					7	2		
	4				2			
			5		8	9	1	
3				9			8	
	5						9	
	1			5				3
	2	6	7		5			
			3				5	
		4	1					8

147

2								
	5	9					8	
	1	8	9		7		2	
				6			1	4
		3		8		2		
1	9			4				
	2		6		8	4	9	
	3					8	5	
								1

148

				6	1	7		9
4			2			5		
			7					6
	4		6	8			5	
1								8
	5			1	4		9	
8					9			
		1			7			5
3		5	1	2				

149

1	5		8			4		
				1		3		
7						6		
	2			6				
5			3		9			8
				5			2	
		5						3
		4		7				
		8			4		6	7

150

		6			1			
						3		1
	5		9	2				7
	4		5		9	7		3
	6						2	
3		9	2		4		5	
6				8	7		3	
2		7						
			3			1		

151

	2	8					1	
3					8			4
		5	3					
9			6	1				
		1		8		7		
				2	7			6
					6	5		
1			2					9
	4					2	7	

152

4								2
				9		4	6	
	1		8		6			9
	2		6		1		9	
	7		9		8		2	
1			5		2		3	
	9	3		1				
6								7

153

		7		3				5
			5			4		
	1		6				8	7
			3			7	9	2
			7		1			
7	8	9			2			
3	5				6		7	
		6			8			
2				5		1		

154

				2	4			
		1	3		9		2	
3		9				7		6
							7	5
5		4				8		3
6	3							
2		5				4		7
	4		2		1	3		
			4	5				

155

				3			9	
3		5				8	7	
	2	7			5		3	
				1	9		4	3
4	3		6	8				
	6		3			5	2	
	5	3				9		7
	9			5				

156

7						4		5
			5				7	
	3	6			9			
		4			5			
8	1			6			3	4
			9			1		
			3			2	4	
	7				6			
6		8						7

157

		6				9	2	
			4					6
1				5	2			4
		4	1		5		8	2
2	1		9		3	4		
7			5	4				3
5					6			
	2	1				7		

158

			9				5	
3		9						6
			6	8				
	8				6	1		4
	2	4				8	3	
9		1	8				7	
				4	8			
8						7		1
	5			2				

159

					7	2	8	
			8		6	3		
				2				6
8					3	6	5	
	1						2	
	6	5	9					8
7				3				
		2	1		4			
	8	4	5					

160

	9			2		7		
6				4		5		8
			7		8			
4		5						
	3						2	
						8		1
			3		2			
9		8		6				2
		7		9			5	

161

				9		7		3
			2		7			5
	5	9					6	
8					1	9		
		4		8		3		
		5	9					6
	8					6	1	
5			7		9			
3		7		2				

166

162

		9			7		5	6
			1	3				7
							2	
	5			2				8
7		3		6		4		2
2				7			3	
	8							
3				9	2			
6	1		8			5		

163

5							3	4
	4			2				7
			8			1		
		1			6	3	2	
			1		3			
	3	6	4			9		
		7			1			
3				5			7	
9	8							1

164

	8				2			4
4					7	9		
7							3	
5		4		3		1		
	1						8	
		6		5		3		2
	9							6
		5	1					7
1			2				5	

165

					5		6	
7					2		1	
	5		6	7		4		2
2		5			1	3		
		4	8			1		6
8		3		1	7		4	
	9		5					8
	4		3					

166

		9	4			7		2
			9		6		3	
1								
		2					5	7
	7		1		8		9	
6	1					3		
								3
	4		8		1			
5		6			7	4		

167

	9				8	3		
		4		5		9		
7				6			8	
		5	3					
3				9				6
					4	1		
	3			2				8
		9		3		5		
		1	5				2	

168

		3			4			
		5		6			9	1
	9				1	4		5
		8						
1	3						5	7
						2		
9		4	5				6	
7	6			3		5		
			4			8		

169

9		4		1				
	1	8	6		5			
3			2					
	3		1					6
1		6				5		4
4					6		3	
					2			5
			7		3	4	2	
				6		8		7

170

	1				9	2		
		3	7				5	
2			3		8			1
9		6	2				1	
	2				6	4		7
3			1		7			2
	8				3	1		
		7	9				8	

171

3	8			9				
	7		1					
		2				4	3	
7					8	2		6
			6		1			
2		9	5					8
	2	1				5		
					6		9	
				1			7	2

176

172

		8	9					3
1	7			3			9	
4				6		8		
						6	7	2
		5				3		
8	6	7						
		4		8				9
	1			4			8	7
5					6	2		

173

9				1		7	6	
			7		9		1	
1				6				
		8	2	3	5			
		5				3		
			1	7	6	8		
				9				5
	5		6		7			
	2	9		5				3

174

	9			8	2		6	
	8		7					
				4		1		
	3		8	2				
	4	6				2	1	
				1	4		7	
		2		9				
					6		4	
	6		4	3			8	

175

		8		5				
					4			2
3			7				8	4
			3		7		5	
		3	9	4	5	6		
	4		6		8			
8	9				2			7
2			4					
				8		3		

176

		9			5	4		7
	7				8		1	
6	1							
4					9	8		
2			4					9
		7	3					2
							6	5
	8		5				2	
7		6	4			9		

177

7					6		3	
	8							
	4	5			1	2		
	3			5		1		
1			8	9	4			3
		7		2			5	
		8	4			6	9	
							8	
	6		9					7

178

8				5	1		9	
			4			5		2
	7			9			8	
7	2						5	
				6				
	9						7	4
	1			4			2	
3		4			2			
	5		7	8				1

179

9		3		8				
	4	7		5			9	
2				6	9	8		
1								
	5			1			3	
								6
		2	8	3				4
	7			4		3	1	
				7		5		9

180

		7					2	9
			6					
6	8	2		7				
4				5				
	3		7		9		8	
				3				7
				4		7	3	6
					5			
3	2					4		

181

				9	4		6	2
		3	6					
				8	2	9		1
8		1						
	3		4		1		8	
						2		6
3		2	1	4				
				9	6			
6	4		5	3				

182

				3				
	9	8		5	1			
5	2	3				1		
	1	7		8		6		2
6		5		9		4	8	
		1				7	5	4
			8	7		9	1	
				6				

183

6		8		1				
			5		9		6	
						7		1
7	6				8			
	3		4		5		8	
			6				1	5
4		2						
	8		2		4			
				5		2		3

184

		4			1			
5		1	8			6		3
	8			7				
				4			1	
3				5				8
	5			2				
				1			8	
4		2			5	3		9
			7			4		

185

	9	7	3			4		
			5					
	2				1	3		9
3			9					
	8		4		6		3	
					5			4
4		5	6				1	
					9			
		1			4	5	6	

186

					6	2	4	
8		6		1				9
	5				4		1	
5			3					
		9				3		
				9				8
	6		2				8	
2				5		1		4
	1	7	6					

187

								4
1				8		3		
9	5	7				8		
	8			3	5			
6			8	7	9			5
			6	1			4	
		8				5	2	6
		5		9				7
4								

188

	2				7			
4			1					9
				9		8	4	2
2							1	
6			4	8	2			7
	4							8
9	6	8		3				
7					1			5
			2				8	

189

			8				5	
9	8							6
					9	4		7
6	9		2		4	5		
			9		8			
		5	6		1		9	2
5		3	4					
7							1	5
	1				6			

190

9				3		7		
8			9			2	6	
5			8				4	
7						5		
			7		1			
		1						7
	8				2			3
	6	7			5			4
		4		8				5

191

8					4		7	
	9	6		8		2		
		7	9					
		2	5					8
6								2
1					6	7		
					9	1		
		9		1		3	5	
	3		4					7

192

	4	6		8				
3				6	2			
2		1				3		
				2	7	9		8
		2				6		
7		4	8	3				
		8				1		5
			5	7				6
				9		4	2	

193

	9					7		
1	5		9		3			
	2			4	6			
		9						4
		2	5		9	1		
6						3		
			4	8			3	
			6		2		4	1
		1					2	

194

		6			8	1		2
			6	9		4	8	
				2	4			6
7							4	
	5						1	
	8							3
3			4	7				
	4	7		5	2			
1		5	8			2		

195

				5				2
2	8			1	9			
6		7		8		4		
								3
	1	2				5	4	
4								
		8		2		6		1
			1	4			8	7
7				6				

200

196

5	3	6	4					8
							5	
		9	5					6
1		8	6		2			
		7				8		
			7		9	6		2
6					5	2		
	7							
9					8	3	6	5

197

7			6		2		8	
	3			4		9		6
							5	
	6		9					3
		5				2		
2					4		9	
	9							
5		6		8			4	
	8		4		6			5

198

6		8		4		9		
	9				8	7		4
			3					
			4				6	
8				1				3
	5				2			
					9			
5		1	7				8	
		6		5		2		7

199

1	4	2			3			
	8	7			6		2	4
		6		4				
		9	6					1
4					8	9		
				3		6		
7	2		5			8	4	
			8			7	9	5

200

		5					1	
2		7	1		3			
	9		8					
		1		3				
	4	9				6	7	
				8		1		
					7		5	
		9		6	8		7
	6					3		

201

					1		7	
				7		2		9
6			9				1	
		8	4			1	5	
	3						9	
	9	4			2	3		
	4				8			1
1		6		3				
	8		6					

202

5			4		8			
						5	2	4
							6	
	7		8			9	3	2
				9				
9	8	4			6		5	
	2							
4	6	5						
			1		5			7

203

6					8			
				9			5	
5					3		4	
7					4	3		
	5		8		2		6	
		8	3					4
	2		5					6
	3			8				
			7					9

204

1	2			9			5	
7	5		8					
		9				1		6
		8			6			
	1	7				4	3	
			3			6		
9		2				7		
					2		6	3
	6			4			2	9

205

	4		2		1			
				8		9		
5							6	
		8	4	7			2	1
		2				7		
3	1			5	2	4		
	3							7
		4		1				
			6		5		9	

206

		5					6	
						7		3
		1		2		9		5
9			7			3	8	
			9		5			
	3	6			1			9
5		3		9		8		
6		8						
	2					6		

207

		3	5					
5		1		8		7	4	
4	8							
2		9			3			
	5		8		6		3	
			7			6		2
							6	1
	3	6		9		5		4
					5	3		

208

							8	6
9					3			
	6	2	8			3		7
		1		4				5
	7			6			3	
2				1		8		
7		3			6	1	4	
			9					8
5	4							

209

			4	8			2	
	4				2	9		
8					1			
	1	8	5	3		7		
7								9
		3		6	4	1	8	
			8					3
		2	6				5	
	8			4	3			

210

		4		1	9			5
					6	4	2	
8	5							
2			4			9		
	4	9				8	5	
		7			3			2
							1	7
	1	6	3					
9			1	4		3		

211

		3		9				6
		8				5	2	4
5						3		
	5			3	1			
9			8		5			3
			6	4			7	
		1						9
7	4	9				6		
3				8		7		

212

7								
	3		7	8				
	4			6	1		2	3
1							3	5
		3	1		6	2		
2	7							8
9	5		2	3			1	
				9	4		8	
								9

213

					5		9	8
	9						4	
			2	1		3		
			7					4
5		4		6		2		9
6					1			
		1		3	6			
	3						5	
2	8		1					

214

						2	1	9
				8	2		5	
		5	6	1		7		
				5	1		6	
		2				9		
	3		8	9				
		9		3	5	8		
	8		7	4				
6	5	3						

215

					6		3	4
			3	9			6	7
					8	2		1
		2	9					
	7		4		1		5	
					7	9		
6		7	8					
1	8			7	9			
4	9		1					

216

7							9	8
3		8			5	2		
	1				6			
				6	1		8	
			3	2	4			
	3		7	9				
			4				5	
		5	6			9		7
4	6							2

217

				2	4	8		
	9							5
6		1	8	5				
9	5			1				
3				8				2
				9			3	7
				3	2	5		6
5							1	
		4	5	6				

218

4	5	1		2			8	
						5		
6	8			4				
			8					6
7	1						3	8
3					9			
				5			2	1
		7						
	2			8		6	4	7

219

6			9	4		5		
								8
		5				2		6
9			5		7		8	
		6				1		
	7		1		9			5
2		1				4		
8								
		7		3	2			1

220

		6					3	5
	1		4		3	6	2	
	8	2	6					
						7	1	
		7		2				
	2	4						
					4	8	5	
	5	8	3		6		4	
2	4					9		

221

2		5	8	7			1	
					9		4	
8	1	9						
7			1				6	
				5				
	5				4			7
						7	5	4
	2		4					
	8			6	3	1		2

222

			7				2	
	2		9	8		4		
	7				6			9
		9	5					1
	1			6			4	
3					8	2		
7			6				3	
		1		5	4		6	
	6				2			

223

1	6					7		
	7	5			8			
				6				4
3	1		6				8	
			4		3			
	5				2		1	7
8				9				
			5			8	4	
		6					7	9

224

	2		8		9		1	
1					6	2		
7					2			
8	1	9					4	
				7				
	7					1	6	2
			6					5
		7	4					8
	4		9		7		2	

225

			3			9		
	5		9					
		9		6	7	3		5
							8	
8	4	1				6	5	7
	7							
6		3	7	8		5		
					1		2	
		7			9			

226

			5		8			9
	9			3				
4			2			6		
	1				5	2	4	
9								5
	6	5	1				7	
		1			7			3
				1			5	
7			8		2			

227

7	6		9				2	
1								
4		9	1	3				
	5	6		8				
2		7				8		6
				9		5	7	
				5	4	3		2
								8
	3				1		5	7

228

		7			4			3
					7		2	9
5			6			4		
	9			5				
3	7						5	6
				6			4	
		4			6			8
1	2		3					
9			8			2		

229

7	1				9		3	8
9						2		
			1	2				
	2			4		6		5
			7		2			
3		6		9			2	
				8	7			
		3						2
4	8		2				7	9

230

	9	8		7	1	4		
				5			2	9
	4		2					
	7						4	6
			7		3			
6	8						7	
					7		6	
8	6			1				
		1	4	9		7	8	

231

5	2			9			4	
	9		6	2				8
						1		
		6	9					3
		7				9		
9					8	6		
		1						
7				8	5		1	
	8			3			6	5

232

					5	4		9
		8			4			
	9						2	3
1		6		4		9		
			9		6			
		9		8		2		5
6	8						7	
			2			1		
5		2	4					

233

				6		8		3
		7	8					1
					5	9		
		3		5	2		9	
	9						2	
	2		4	8		3		
		1	5					
7					4	5		
8		9		7				

234

		6			8			1
			7				9	
	8				1	4		2
6			3	8				
		1	6		7	9		
				1	5			6
2		7	5				1	
	5				4			
9			8			5		

235

				3	9			5
1	7			5				
						2	8	
	1				6			4
	8		7	4	3		9	
7			8				3	
	9	1						
				6			2	8
5			9	8				

236

	2		7	5			1	
					8			
		3				6		4
3	7					1		
			8	1	7			
		5					8	9
8		6				5		
			1					
	1			8	2		6	

237

	5					8	3	9
			8		7			4
8								
		8			2			1
2	9			1			4	7
1			6			2		
								5
6			2		9			
9	4	1					2	

238

				5				6
7					9			
		2		6	1	3	8	
		9	2			1		
	5			9			6	
		7			4	8		
	8	1	6	2		7		
			9					8
4				8				

239

				7		4		8
				6	8			9
			4			2	3	
1	3	7						2
				1				
8						7	1	3
	9	2			5			
3			9	8				
7		6		2				

240

9	1			7				
7			4		9			1
5					3			
		5	9			6		
	8			4			2	
		3			8	7		
			5					8
8			3		4			2
				2			5	6

THE SOLUTIONS

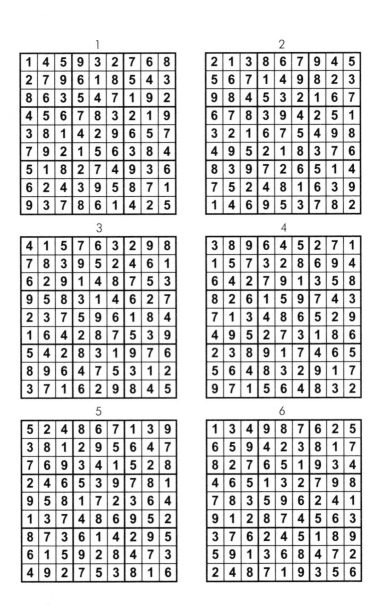

1

1	4	5	9	3	2	7	6	8
2	7	9	6	1	8	5	4	3
8	6	3	5	4	7	1	9	2
4	5	6	7	8	3	2	1	9
3	8	1	4	2	9	6	5	7
7	9	2	1	5	6	3	8	4
5	1	8	2	7	4	9	3	6
6	2	4	3	9	5	8	7	1
9	3	7	8	6	1	4	2	5

2

2	1	3	8	6	7	9	4	5
5	6	7	1	4	9	8	2	3
9	8	4	5	3	2	1	6	7
6	7	8	3	9	4	2	5	1
3	2	1	6	7	5	4	9	8
4	9	5	2	1	8	3	7	6
8	3	9	7	2	6	5	1	4
7	5	2	4	8	1	6	3	9
1	4	6	9	5	3	7	8	2

3

4	1	5	7	6	3	2	9	8
7	8	3	9	5	2	4	6	1
6	2	9	1	4	8	7	5	3
9	5	8	3	1	4	6	2	7
2	3	7	5	9	6	1	8	4
1	6	4	2	8	7	5	3	9
5	4	2	8	3	1	9	7	6
8	9	6	4	7	5	3	1	2
3	7	1	6	2	9	8	4	5

4

3	8	9	6	4	5	2	7	1
1	5	7	3	2	8	6	9	4
6	4	2	7	9	1	3	5	8
8	2	6	1	5	9	7	4	3
7	1	3	4	8	6	5	2	9
4	9	5	2	7	3	1	8	6
2	3	8	9	1	7	4	6	5
5	6	4	8	3	2	9	1	7
9	7	1	5	6	4	8	3	2

5

5	2	4	8	6	7	1	3	9
3	8	1	2	9	5	6	4	7
7	6	9	3	4	1	5	2	8
2	4	6	5	3	9	7	8	1
9	5	8	1	7	2	3	6	4
1	3	7	4	8	6	9	5	2
8	7	3	6	1	4	2	9	5
6	1	5	9	2	8	4	7	3
4	9	2	7	5	3	8	1	6

6

1	3	4	9	8	7	6	2	5
6	5	9	4	2	3	8	1	7
8	2	7	6	5	1	9	3	4
4	6	5	1	3	2	7	9	8
7	8	3	5	9	6	2	4	1
9	1	2	8	7	4	5	6	3
3	7	6	2	4	5	1	8	9
5	9	1	3	6	8	4	7	2
2	4	8	7	1	9	3	5	6

7

4	6	8	9	2	7	1	5	3
3	1	5	8	6	4	7	2	9
7	9	2	3	1	5	6	8	4
5	3	6	2	8	1	9	4	7
2	4	7	5	9	3	8	1	6
1	8	9	7	4	6	2	3	5
8	2	4	6	3	9	5	7	1
9	7	3	1	5	8	4	6	2
6	5	1	4	7	2	3	9	8

8

2	4	1	3	7	8	9	6	5
3	6	9	5	2	1	4	8	7
8	5	7	9	4	6	3	1	2
1	9	6	7	8	3	2	5	4
7	8	4	1	5	2	6	9	3
5	2	3	4	6	9	8	7	1
4	1	2	6	9	7	5	3	8
6	7	8	2	3	5	1	4	9
9	3	5	8	1	4	7	2	6

9

9	7	1	6	2	4	3	5	8
4	6	3	8	5	7	9	2	1
2	8	5	9	1	3	7	4	6
8	5	6	3	7	9	2	1	4
3	4	2	1	6	5	8	7	9
1	9	7	2	4	8	5	6	3
7	3	4	5	8	6	1	9	2
6	1	9	7	3	2	4	8	5
5	2	8	4	9	1	6	3	7

10

8	3	5	9	4	7	1	2	6
6	1	7	5	2	3	4	9	8
4	2	9	6	8	1	7	3	5
2	7	4	8	3	6	5	1	9
5	8	1	4	9	2	3	6	7
9	6	3	7	1	5	8	4	2
1	9	6	3	7	8	2	5	4
7	4	2	1	5	9	6	8	3
3	5	8	2	6	4	9	7	1

11

2	7	9	3	6	8	1	4	5
4	3	8	1	5	9	7	6	2
5	1	6	2	4	7	8	9	3
9	8	1	4	7	2	3	5	6
7	5	4	6	1	3	2	8	9
3	6	2	8	9	5	4	1	7
6	2	3	9	8	1	5	7	4
8	4	7	5	2	6	9	3	1
1	9	5	7	3	4	6	2	8

12

9	4	8	2	3	1	5	6	7
7	2	1	6	5	4	9	3	8
5	6	3	7	8	9	1	4	2
8	1	7	4	9	6	2	5	3
4	3	5	8	1	2	7	9	6
2	9	6	3	7	5	4	8	1
6	7	9	5	2	8	3	1	4
1	8	2	9	4	3	6	7	5
3	5	4	1	6	7	8	2	9

13

6	9	3	8	5	4	2	1	7
8	5	4	2	1	7	9	6	3
1	2	7	3	6	9	4	5	8
9	4	5	6	8	3	1	7	2
3	1	2	4	7	5	8	9	6
7	8	6	9	2	1	3	4	5
4	7	8	5	9	2	6	3	1
5	6	9	1	3	8	7	2	4
2	3	1	7	4	6	5	8	9

14

5	6	4	3	8	9	2	7	1
7	8	1	5	4	2	3	9	6
3	9	2	1	7	6	5	8	4
6	2	5	7	1	3	9	4	8
1	3	7	4	9	8	6	5	2
9	4	8	6	2	5	1	3	7
4	5	6	2	3	7	8	1	9
2	1	9	8	5	4	7	6	3
8	7	3	9	6	1	4	2	5

15

7	3	4	2	5	8	9	6	1
2	9	5	6	7	1	4	8	3
1	8	6	9	3	4	7	5	2
3	6	7	1	9	2	5	4	8
9	1	8	5	4	7	2	3	6
5	4	2	8	6	3	1	7	9
8	5	9	4	1	6	3	2	7
6	7	1	3	2	5	8	9	4
4	2	3	7	8	9	6	1	5

16

7	1	2	8	9	4	3	6	5
5	4	9	1	6	3	7	8	2
3	8	6	7	5	2	1	4	9
1	3	4	5	2	6	8	9	7
8	6	5	9	1	7	2	3	4
9	2	7	4	3	8	6	5	1
2	5	8	6	7	9	4	1	3
6	9	3	2	4	1	5	7	8
4	7	1	3	8	5	9	2	6

17

8	6	2	3	4	7	5	9	1
1	7	9	2	8	5	3	4	6
4	3	5	9	1	6	2	7	8
9	2	8	1	6	3	4	5	7
3	5	4	8	7	9	1	6	2
7	1	6	4	5	2	8	3	9
5	9	1	7	3	8	6	2	4
6	4	7	5	2	1	9	8	3
2	8	3	6	9	4	7	1	5

18

8	5	9	3	4	1	7	6	2
6	2	1	9	7	8	5	4	3
3	7	4	5	2	6	8	9	1
4	9	2	8	6	5	1	3	7
1	8	3	2	9	7	6	5	4
5	6	7	4	1	3	9	2	8
9	1	6	7	3	2	4	8	5
7	3	5	6	8	4	2	1	9
2	4	8	1	5	9	3	7	6

19

9	3	6	5	1	2	7	4	8
1	2	5	7	4	8	6	9	3
8	4	7	3	9	6	1	2	5
6	1	4	2	3	5	9	8	7
7	5	2	6	8	9	3	1	4
3	8	9	1	7	4	2	5	6
5	6	3	4	2	1	8	7	9
4	9	1	8	6	7	5	3	2
2	7	8	9	5	3	4	6	1

20

8	7	2	1	6	9	5	3	4
9	1	6	4	3	5	2	7	8
3	4	5	7	2	8	9	6	1
7	2	1	6	9	3	8	4	5
5	9	4	8	1	7	3	2	6
6	3	8	2	5	4	1	9	7
1	8	7	3	4	2	6	5	9
4	5	3	9	8	6	7	1	2
2	6	9	5	7	1	4	8	3

21

7	1	9	3	6	2	4	5	8
8	3	4	5	1	9	2	6	7
5	2	6	8	4	7	9	3	1
3	4	1	9	5	8	6	7	2
6	8	2	4	7	1	5	9	3
9	7	5	6	2	3	8	1	4
2	6	3	1	8	5	7	4	9
1	5	8	7	9	4	3	2	6
4	9	7	2	3	6	1	8	5

22

1	3	5	7	4	6	2	9	8
4	6	9	8	2	1	7	5	3
2	7	8	9	3	5	6	1	4
8	5	3	1	9	7	4	6	2
6	9	4	2	8	3	5	7	1
7	1	2	5	6	4	8	3	9
5	4	7	3	1	8	9	2	6
9	8	1	6	7	2	3	4	5
3	2	6	4	5	9	1	8	7

23

8	2	5	7	6	3	4	9	1
6	7	4	8	1	9	2	3	5
3	1	9	5	4	2	6	8	7
1	6	3	2	7	4	9	5	8
9	4	8	6	3	5	7	1	2
2	5	7	9	8	1	3	4	6
5	9	1	4	2	6	8	7	3
7	3	6	1	9	8	5	2	4
4	8	2	3	5	7	1	6	9

24

4	8	1	7	9	2	5	6	3
7	5	2	3	4	6	9	8	1
9	3	6	8	1	5	4	2	7
2	6	3	9	5	7	8	1	4
1	9	4	2	3	8	6	7	5
5	7	8	1	6	4	2	3	9
6	1	7	5	2	9	3	4	8
8	2	5	4	7	3	1	9	6
3	4	9	6	8	1	7	5	2

25

5	6	1	2	4	8	9	7	3
3	9	4	1	5	7	2	8	6
8	7	2	9	3	6	5	1	4
7	1	8	4	2	3	6	9	5
2	4	9	8	6	5	1	3	7
6	5	3	7	9	1	8	4	2
4	2	7	6	8	9	3	5	1
1	8	5	3	7	2	4	6	9
9	3	6	5	1	4	7	2	8

26

2	9	8	1	3	4	7	6	5
7	1	3	8	6	5	2	4	9
4	6	5	9	7	2	8	3	1
5	3	4	2	8	6	9	1	7
8	2	6	7	9	1	3	5	4
1	7	9	5	4	3	6	2	8
6	8	1	4	2	7	5	9	3
3	5	7	6	1	9	4	8	2
9	4	2	3	5	8	1	7	6

27

8	2	3	5	4	9	1	7	6
6	5	1	2	8	7	3	9	4
9	7	4	6	3	1	2	8	5
7	8	6	4	2	5	9	3	1
4	9	5	3	1	8	6	2	7
1	3	2	7	9	6	4	5	8
5	4	7	9	6	2	8	1	3
2	6	8	1	7	3	5	4	9
3	1	9	8	5	4	7	6	2

28

7	2	5	4	3	8	6	9	1
4	8	3	6	9	1	7	5	2
9	6	1	7	2	5	3	4	8
3	7	8	5	6	9	2	1	4
6	4	2	8	1	7	9	3	5
5	1	9	3	4	2	8	6	7
1	9	7	2	5	6	4	8	3
2	3	6	1	8	4	5	7	9
8	5	4	9	7	3	1	2	6

29

7	1	3	4	9	2	8	5	6
5	6	2	7	1	8	4	9	3
8	4	9	3	5	6	2	1	7
4	9	6	5	8	1	7	3	2
1	2	7	6	3	9	5	8	4
3	8	5	2	7	4	1	6	9
9	5	4	1	2	3	6	7	8
6	3	1	8	4	7	9	2	5
2	7	8	9	6	5	3	4	1

30

9	3	5	2	6	4	7	8	1
6	2	4	8	1	7	5	3	9
1	8	7	9	5	3	6	4	2
3	7	1	6	2	9	4	5	8
2	5	8	7	4	1	9	6	3
4	6	9	3	8	5	1	2	7
5	4	3	1	7	8	2	9	6
8	1	6	4	9	2	3	7	5
7	9	2	5	3	6	8	1	4

31

2	5	8	4	7	6	3	9	1
3	6	4	9	2	1	8	5	7
9	7	1	3	5	8	2	4	6
4	8	5	2	1	3	7	6	9
7	3	9	6	4	5	1	2	8
1	2	6	8	9	7	4	3	5
6	9	7	1	3	2	5	8	4
5	4	3	7	8	9	6	1	2
8	1	2	5	6	4	9	7	3

32

3	4	6	7	1	5	2	8	9
2	7	8	9	4	6	1	3	5
1	9	5	3	2	8	6	4	7
4	3	1	6	7	9	8	5	2
7	6	2	5	8	1	3	9	4
5	8	9	4	3	2	7	1	6
9	5	3	8	6	7	4	2	1
6	2	4	1	5	3	9	7	8
8	1	7	2	9	4	5	6	3

33

3	4	7	1	8	9	2	5	6
8	5	9	4	2	6	7	3	1
6	2	1	7	5	3	9	4	8
5	7	3	8	9	1	4	6	2
9	6	8	3	4	2	5	1	7
2	1	4	6	7	5	3	8	9
1	8	2	9	3	4	6	7	5
7	3	5	2	6	8	1	9	4
4	9	6	5	1	7	8	2	3

34

5	7	4	1	8	2	6	9	3
6	2	3	9	5	4	8	7	1
1	9	8	3	6	7	4	5	2
9	5	6	7	1	8	2	3	4
4	8	2	5	9	3	7	1	6
3	1	7	2	4	6	5	8	9
2	4	1	8	7	9	3	6	5
7	6	9	4	3	5	1	2	8
8	3	5	6	2	1	9	4	7

35

1	9	2	7	8	6	5	4	3
4	3	8	5	2	1	9	7	6
6	5	7	4	9	3	1	2	8
9	8	4	3	7	2	6	1	5
7	2	3	1	6	5	8	9	4
5	1	6	8	4	9	7	3	2
2	7	9	6	3	8	4	5	1
3	6	1	9	5	4	2	8	7
8	4	5	2	1	7	3	6	9

36

8	4	9	5	1	6	3	7	2
5	7	1	2	9	3	4	8	6
6	3	2	4	7	8	9	1	5
3	6	7	8	4	5	1	2	9
2	9	8	7	3	1	5	6	4
4	1	5	9	6	2	7	3	8
7	2	6	1	5	9	8	4	3
1	5	3	6	8	4	2	9	7
9	8	4	3	2	7	6	5	1

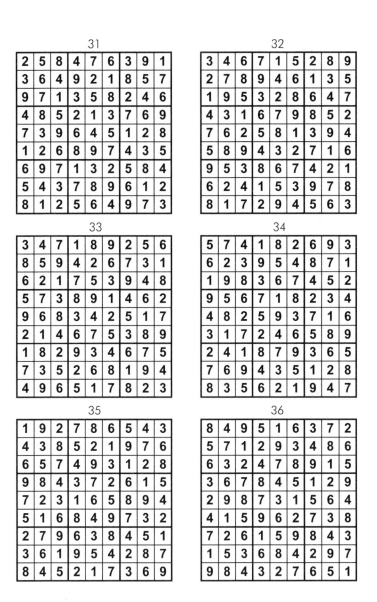

37

8	9	4	6	2	7	3	1	5
7	5	3	4	9	1	2	8	6
2	1	6	3	8	5	9	4	7
1	3	2	9	6	8	5	7	4
6	8	7	5	4	3	1	2	9
9	4	5	7	1	2	6	3	8
4	6	8	2	3	9	7	5	1
5	2	9	1	7	4	8	6	3
3	7	1	8	5	6	4	9	2

38

7	4	2	6	3	8	1	9	5
6	9	3	5	4	1	8	2	7
1	8	5	2	7	9	6	4	3
2	1	6	7	8	3	4	5	9
8	5	4	9	2	6	3	7	1
9	3	7	1	5	4	2	8	6
4	7	8	3	6	5	9	1	2
3	2	9	4	1	7	5	6	8
5	6	1	8	9	2	7	3	4

39

3	6	4	8	5	1	2	7	9
1	8	9	2	7	4	6	3	5
7	2	5	6	3	9	8	4	1
6	7	8	3	1	2	9	5	4
4	5	3	7	9	6	1	2	8
9	1	2	4	8	5	7	6	3
2	9	7	1	4	3	5	8	6
8	4	1	5	6	7	3	9	2
5	3	6	9	2	8	4	1	7

40

4	8	9	5	1	7	6	3	2
5	3	6	2	8	4	9	1	7
1	7	2	6	3	9	8	5	4
2	5	4	9	6	8	1	7	3
3	9	8	7	2	1	4	6	5
6	1	7	4	5	3	2	9	8
8	4	1	3	9	5	7	2	6
9	2	3	8	7	6	5	4	1
7	6	5	1	4	2	3	8	9

41

5	8	1	6	3	2	9	4	7
4	7	2	9	1	5	3	6	8
6	9	3	8	7	4	2	1	5
8	4	6	5	2	1	7	9	3
3	1	5	7	9	8	6	2	4
9	2	7	3	4	6	8	5	1
1	6	4	2	8	7	5	3	9
2	3	8	1	5	9	4	7	6
7	5	9	4	6	3	1	8	2

42

8	5	2	4	6	3	1	9	7
7	9	1	2	5	8	3	6	4
6	3	4	9	1	7	8	2	5
3	2	9	6	8	4	7	5	1
5	8	6	1	7	9	4	3	2
4	1	7	5	3	2	6	8	9
2	4	8	3	9	1	5	7	6
1	6	3	7	2	5	9	4	8
9	7	5	8	4	6	2	1	3

43

1	9	7	3	6	5	8	2	4
2	8	4	1	7	9	3	6	5
5	6	3	2	4	8	7	9	1
6	2	9	5	8	1	4	3	7
3	7	5	4	2	6	9	1	8
8	4	1	7	9	3	2	5	6
9	1	2	8	5	4	6	7	3
4	3	6	9	1	7	5	8	2
7	5	8	6	3	2	1	4	9

44

6	8	1	7	4	5	2	3	9
2	7	4	3	1	9	8	5	6
5	3	9	8	6	2	4	7	1
7	1	8	5	3	6	9	2	4
9	5	6	4	2	8	3	1	7
3	4	2	9	7	1	5	6	8
4	6	7	2	8	3	1	9	5
8	9	3	1	5	7	6	4	2
1	2	5	6	9	4	7	8	3

45

2	6	1	8	5	9	7	4	3
7	3	8	4	6	1	5	9	2
9	4	5	7	3	2	8	1	6
8	1	2	5	9	4	3	6	7
6	9	4	3	7	8	1	2	5
3	5	7	2	1	6	9	8	4
5	8	6	9	2	7	4	3	1
4	2	3	1	8	5	6	7	9
1	7	9	6	4	3	2	5	8

46

4	8	2	6	5	7	3	1	9
7	1	3	2	8	9	6	4	5
5	6	9	1	3	4	8	2	7
9	2	8	4	7	3	5	6	1
3	5	6	9	2	1	4	7	8
1	7	4	8	6	5	9	3	2
2	9	1	3	4	8	7	5	6
8	4	7	5	1	6	2	9	3
6	3	5	7	9	2	1	8	4

47

6	3	1	5	4	8	7	2	9
2	4	8	1	7	9	3	5	6
5	9	7	6	2	3	8	4	1
9	8	4	3	5	1	6	7	2
7	1	5	2	9	6	4	3	8
3	2	6	4	8	7	9	1	5
4	6	3	9	1	5	2	8	7
8	5	2	7	6	4	1	9	3
1	7	9	8	3	2	5	6	4

48

1	7	6	4	2	8	3	5	9
5	3	4	6	7	9	8	2	1
8	9	2	3	1	5	7	6	4
2	4	1	7	5	3	9	8	6
3	6	5	8	9	1	4	7	2
7	8	9	2	6	4	5	1	3
6	5	7	9	4	2	1	3	8
4	1	3	5	8	6	2	9	7
9	2	8	1	3	7	6	4	5

49

4	3	8	1	2	6	5	7	9
7	6	9	5	3	8	2	1	4
1	5	2	9	7	4	3	8	6
2	1	4	6	5	9	7	3	8
5	7	3	8	4	2	9	6	1
8	9	6	7	1	3	4	5	2
6	2	1	3	9	7	8	4	5
3	4	5	2	8	1	6	9	7
9	8	7	4	6	5	1	2	3

50

9	7	2	5	6	3	8	1	4
4	3	6	7	1	8	2	5	9
8	1	5	9	2	4	7	3	6
5	6	1	2	9	7	3	4	8
2	9	8	4	3	1	5	6	7
3	4	7	6	8	5	1	9	2
1	5	4	8	7	6	9	2	3
6	8	9	3	5	2	4	7	1
7	2	3	1	4	9	6	8	5

51

5	3	8	1	6	2	9	7	4
9	1	2	7	4	5	3	6	8
4	7	6	3	8	9	2	5	1
6	9	7	8	1	3	4	2	5
8	5	3	9	2	4	7	1	6
2	4	1	6	5	7	8	9	3
1	8	9	4	7	6	5	3	2
3	2	4	5	9	1	6	8	7
7	6	5	2	3	8	1	4	9

52

3	6	9	5	4	8	2	1	7
1	5	4	2	7	9	6	3	8
8	7	2	1	6	3	5	9	4
4	9	1	6	5	7	3	8	2
2	8	5	9	3	4	7	6	1
7	3	6	8	2	1	9	4	5
5	1	7	4	9	6	8	2	3
6	2	8	3	1	5	4	7	9
9	4	3	7	8	2	1	5	6

53

4	6	5	2	3	8	7	9	1
2	8	7	9	5	1	4	6	3
1	3	9	7	6	4	8	2	5
3	2	6	4	8	7	5	1	9
9	7	8	6	1	5	2	3	4
5	1	4	3	2	9	6	7	8
7	9	1	8	4	2	3	5	6
8	5	3	1	7	6	9	4	2
6	4	2	5	9	3	1	8	7

54

9	1	6	8	5	3	2	7	4
4	7	2	6	9	1	8	5	3
3	5	8	4	2	7	1	9	6
2	9	1	3	7	5	6	4	8
8	6	5	1	4	2	9	3	7
7	3	4	9	8	6	5	1	2
1	8	7	2	3	9	4	6	5
6	4	3	5	1	8	7	2	9
5	2	9	7	6	4	3	8	1

55

7	1	3	2	4	9	8	5	6
9	4	2	5	6	8	7	1	3
8	5	6	7	3	1	2	4	9
3	8	4	6	1	5	9	2	7
2	9	7	4	8	3	5	6	1
5	6	1	9	7	2	3	8	4
6	2	5	1	9	7	4	3	8
4	3	9	8	2	6	1	7	5
1	7	8	3	5	4	6	9	2

56

9	3	5	4	7	1	6	2	8
7	2	6	3	8	9	1	4	5
8	4	1	2	5	6	7	9	3
2	6	3	1	4	5	8	7	9
5	8	4	9	2	7	3	6	1
1	7	9	6	3	8	4	5	2
3	5	2	8	6	4	9	1	7
6	1	8	7	9	2	5	3	4
4	9	7	5	1	3	2	8	6

57

4	6	3	8	1	2	5	9	7
2	8	5	7	4	9	6	3	1
1	7	9	3	5	6	4	2	8
9	3	8	5	2	7	1	6	4
5	4	1	9	6	3	7	8	2
7	2	6	4	8	1	3	5	9
3	5	7	2	9	4	8	1	6
8	1	2	6	7	5	9	4	3
6	9	4	1	3	8	2	7	5

58

1	7	3	2	9	5	6	8	4
6	5	8	3	1	4	7	2	9
9	4	2	6	8	7	3	5	1
3	6	9	4	5	2	8	1	7
5	8	1	7	3	9	4	6	2
4	2	7	1	6	8	5	9	3
2	3	6	5	4	1	9	7	8
8	1	5	9	7	3	2	4	6
7	9	4	8	2	6	1	3	5

59

5	4	8	2	1	6	3	7	9
3	2	9	8	4	7	5	1	6
6	7	1	9	5	3	4	2	8
1	5	4	3	9	2	8	6	7
9	6	2	7	8	4	1	5	3
8	3	7	5	6	1	2	9	4
7	8	6	4	2	5	9	3	1
2	9	3	1	7	8	6	4	5
4	1	5	6	3	9	7	8	2

60

5	3	6	8	9	2	1	7	4
4	9	8	3	1	7	5	2	6
2	7	1	6	4	5	3	9	8
1	6	7	2	5	8	9	4	3
9	4	3	7	6	1	8	5	2
8	2	5	4	3	9	7	6	1
7	1	4	9	8	6	2	3	5
3	8	9	5	2	4	6	1	7
6	5	2	1	7	3	4	8	9

61

6	3	4	9	8	1	2	7	5
5	1	8	3	2	7	6	9	4
7	9	2	6	5	4	1	8	3
3	6	9	2	7	8	4	5	1
2	4	5	1	6	9	7	3	8
8	7	1	5	4	3	9	6	2
1	2	7	8	9	5	3	4	6
9	5	6	4	3	2	8	1	7
4	8	3	7	1	6	5	2	9

62

3	8	2	6	4	9	7	1	5
6	7	4	1	5	3	8	9	2
5	1	9	7	2	8	3	4	6
9	6	5	4	3	1	2	7	8
7	2	1	5	8	6	4	3	9
4	3	8	9	7	2	6	5	1
8	5	7	2	1	4	9	6	3
1	9	3	8	6	7	5	2	4
2	4	6	3	9	5	1	8	7

63

2	3	6	5	7	1	8	9	4
4	8	9	2	3	6	1	5	7
1	7	5	8	9	4	6	2	3
8	1	7	6	2	9	3	4	5
3	9	4	7	1	5	2	6	8
5	6	2	3	4	8	9	7	1
9	5	1	4	6	3	7	8	2
6	2	8	1	5	7	4	3	9
7	4	3	9	8	2	5	1	6

64

4	7	6	5	1	3	9	2	8
5	2	9	7	8	4	3	6	1
8	1	3	9	6	2	4	5	7
9	6	4	8	5	7	2	1	3
7	8	1	3	2	9	5	4	6
2	3	5	1	4	6	7	8	9
6	5	7	2	9	8	1	3	4
1	9	8	4	3	5	6	7	2
3	4	2	6	7	1	8	9	5

65

5	1	8	9	4	2	3	6	7
7	9	6	5	8	3	2	4	1
4	2	3	6	1	7	9	5	8
3	6	7	2	9	5	8	1	4
1	4	9	8	3	6	5	7	2
8	5	2	1	7	4	6	9	3
6	7	4	3	5	8	1	2	9
9	8	5	4	2	1	7	3	6
2	3	1	7	6	9	4	8	5

66

6	8	9	1	2	5	4	3	7
3	1	7	8	4	9	6	5	2
5	2	4	7	3	6	8	1	9
1	4	2	9	6	8	3	7	5
8	6	5	3	7	2	1	9	4
7	9	3	4	5	1	2	6	8
2	7	1	6	9	4	5	8	3
4	3	8	5	1	7	9	2	6
9	5	6	2	8	3	7	4	1

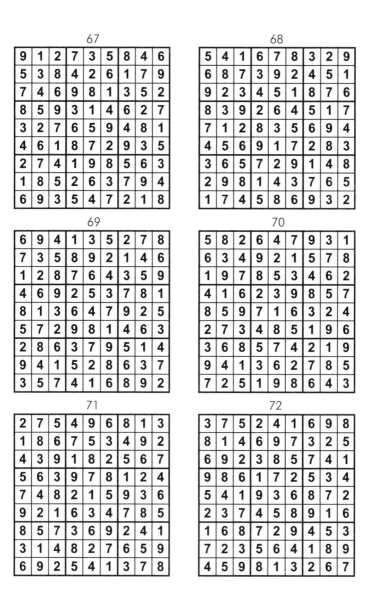

67

9	1	2	7	3	5	8	4	6
5	3	8	4	2	6	1	7	9
7	4	6	9	8	1	3	5	2
8	5	9	3	1	4	6	2	7
3	2	7	6	5	9	4	8	1
4	6	1	8	7	2	9	3	5
2	7	4	1	9	8	5	6	3
1	8	5	2	6	3	7	9	4
6	9	3	5	4	7	2	1	8

68

5	4	1	6	7	8	3	2	9
6	8	7	3	9	2	4	5	1
9	2	3	4	5	1	8	7	6
8	3	9	2	6	4	5	1	7
7	1	2	8	3	5	6	9	4
4	5	6	9	1	7	2	8	3
3	6	5	7	2	9	1	4	8
2	9	8	1	4	3	7	6	5
1	7	4	5	8	6	9	3	2

69

6	9	4	1	3	5	2	7	8
7	3	5	8	9	2	1	4	6
1	2	8	7	6	4	3	5	9
4	6	9	2	5	3	7	8	1
8	1	3	6	4	7	9	2	5
5	7	2	9	8	1	4	6	3
2	8	6	3	7	9	5	1	4
9	4	1	5	2	8	6	3	7
3	5	7	4	1	6	8	9	2

70

5	8	2	6	4	7	9	3	1
6	3	4	9	2	1	5	7	8
1	9	7	8	5	3	4	6	2
4	1	6	2	3	9	8	5	7
8	5	9	7	1	6	3	2	4
2	7	3	4	8	5	1	9	6
3	6	8	5	7	4	2	1	9
9	4	1	3	6	2	7	8	5
7	2	5	1	9	8	6	4	3

71

2	7	5	4	9	6	8	1	3
1	8	6	7	5	3	4	9	2
4	3	9	1	8	2	5	6	7
5	6	3	9	7	8	1	2	4
7	4	8	2	1	5	9	3	6
9	2	1	6	3	4	7	8	5
8	5	7	3	6	9	2	4	1
3	1	4	8	2	7	6	5	9
6	9	2	5	4	1	3	7	8

72

3	7	5	2	4	1	6	9	8
8	1	4	6	9	7	3	2	5
6	9	2	3	8	5	7	4	1
9	8	6	1	7	2	5	3	4
5	4	1	9	3	6	8	7	2
2	3	7	4	5	8	9	1	6
1	6	8	7	2	9	4	5	3
7	2	3	5	6	4	1	8	9
4	5	9	8	1	3	2	6	7

73

2	3	4	9	8	7	6	5	1
9	1	6	5	3	2	8	4	7
8	5	7	6	4	1	3	2	9
3	6	9	7	2	5	4	1	8
1	7	2	4	9	8	5	3	6
5	4	8	1	6	3	9	7	2
6	9	5	2	1	4	7	8	3
4	8	1	3	7	6	2	9	5
7	2	3	8	5	9	1	6	4

74

8	7	4	1	5	6	2	3	9
9	2	5	3	7	4	8	6	1
6	1	3	8	9	2	7	5	4
7	8	6	9	3	1	4	2	5
3	9	1	2	4	5	6	7	8
5	4	2	6	8	7	9	1	3
1	3	9	7	6	8	5	4	2
4	6	8	5	2	3	1	9	7
2	5	7	4	1	9	3	8	6

75

6	7	1	8	2	4	3	9	5
5	4	8	3	9	1	7	6	2
2	3	9	7	5	6	4	8	1
1	6	2	4	8	3	9	5	7
4	9	5	2	6	7	8	1	3
3	8	7	9	1	5	2	4	6
9	1	3	6	4	2	5	7	8
8	2	6	5	7	9	1	3	4
7	5	4	1	3	8	6	2	9

76

5	1	6	2	8	3	7	4	9
3	2	7	9	5	4	8	6	1
8	4	9	6	7	1	3	5	2
4	3	1	5	9	7	2	8	6
9	6	8	1	4	2	5	3	7
7	5	2	8	3	6	1	9	4
2	8	5	4	1	9	6	7	3
6	7	4	3	2	5	9	1	8
1	9	3	7	6	8	4	2	5

77

5	4	6	7	2	9	8	3	1
8	2	9	1	4	3	7	6	5
7	3	1	8	5	6	2	4	9
9	1	7	5	3	2	6	8	4
3	6	8	4	7	1	5	9	2
4	5	2	9	6	8	3	1	7
6	8	5	2	1	4	9	7	3
1	7	3	6	9	5	4	2	8
2	9	4	3	8	7	1	5	6

78

9	3	4	1	7	6	8	5	2
5	1	6	2	8	4	3	7	9
8	2	7	9	5	3	1	4	6
7	8	2	6	1	9	5	3	4
6	4	5	8	3	7	9	2	1
1	9	3	5	4	2	7	6	8
4	5	1	7	2	8	6	9	3
3	6	8	4	9	5	2	1	7
2	7	9	3	6	1	4	8	5

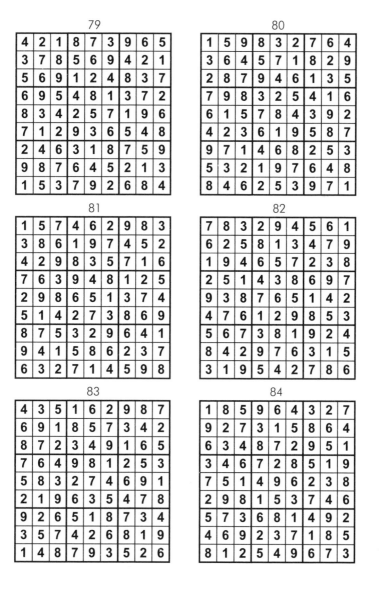

79

4	2	1	8	7	3	9	6	5
3	7	8	5	6	9	4	2	1
5	6	9	1	2	4	8	3	7
6	9	5	4	8	1	3	7	2
8	3	4	2	5	7	1	9	6
7	1	2	9	3	6	5	4	8
2	4	6	3	1	8	7	5	9
9	8	7	6	4	5	2	1	3
1	5	3	7	9	2	6	8	4

80

1	5	9	8	3	2	7	6	4
3	6	4	5	7	1	8	2	9
2	8	7	9	4	6	1	3	5
7	9	8	3	2	5	4	1	6
6	1	5	7	8	4	3	9	2
4	2	3	6	1	9	5	8	7
9	7	1	4	6	8	2	5	3
5	3	2	1	9	7	6	4	8
8	4	6	2	5	3	9	7	1

81

1	5	7	4	6	2	9	8	3
3	8	6	1	9	7	4	5	2
4	2	9	8	3	5	7	1	6
7	6	3	9	4	8	1	2	5
2	9	8	6	5	1	3	7	4
5	1	4	2	7	3	8	6	9
8	7	5	3	2	9	6	4	1
9	4	1	5	8	6	2	3	7
6	3	2	7	1	4	5	9	8

82

7	8	3	2	9	4	5	6	1
6	2	5	8	1	3	4	7	9
1	9	4	6	5	7	2	3	8
2	5	1	4	3	8	6	9	7
9	3	8	7	6	5	1	4	2
4	7	6	1	2	9	8	5	3
5	6	7	3	8	1	9	2	4
8	4	2	9	7	6	3	1	5
3	1	9	5	4	2	7	8	6

83

4	3	5	1	6	2	9	8	7
6	9	1	8	5	7	3	4	2
8	7	2	3	4	9	1	6	5
7	6	4	9	8	1	2	5	3
5	8	3	2	7	4	6	9	1
2	1	9	6	3	5	4	7	8
9	2	6	5	1	8	7	3	4
3	5	7	4	2	6	8	1	9
1	4	8	7	9	3	5	2	6

84

1	8	5	9	6	4	3	2	7
9	2	7	3	1	5	8	6	4
6	3	4	8	7	2	9	5	1
3	4	6	7	2	8	5	1	9
7	5	1	4	9	6	2	3	8
2	9	8	1	5	3	7	4	6
5	7	3	6	8	1	4	9	2
4	6	9	2	3	7	1	8	5
8	1	2	5	4	9	6	7	3

85

9	2	8	4	3	5	6	1	7
5	1	4	9	7	6	3	2	8
3	7	6	1	8	2	9	4	5
2	9	3	7	5	4	8	6	1
1	4	5	8	6	9	2	7	3
6	8	7	2	1	3	4	5	9
4	5	9	3	2	1	7	8	6
7	6	2	5	9	8	1	3	4
8	3	1	6	4	7	5	9	2

86

8	5	9	4	2	7	3	1	6
3	7	4	5	1	6	2	8	9
6	2	1	3	8	9	4	5	7
7	1	3	9	6	8	5	4	2
4	9	2	7	3	5	1	6	8
5	8	6	2	4	1	9	7	3
9	4	8	1	7	3	6	2	5
1	3	7	6	5	2	8	9	4
2	6	5	8	9	4	7	3	1

87

6	5	7	1	3	9	4	8	2
4	3	1	2	8	5	9	7	6
2	8	9	7	6	4	1	3	5
7	2	3	9	4	8	6	5	1
8	9	4	6	5	1	7	2	3
1	6	5	3	2	7	8	4	9
5	1	6	4	7	3	2	9	8
9	4	8	5	1	2	3	6	7
3	7	2	8	9	6	5	1	4

88

4	5	8	6	1	2	9	3	7
7	2	1	3	4	9	5	8	6
6	9	3	8	7	5	2	4	1
2	1	4	5	3	7	6	9	8
9	8	7	1	6	4	3	2	5
5	3	6	9	2	8	1	7	4
3	7	5	4	9	6	8	1	2
8	4	9	2	5	1	7	6	3
1	6	2	7	8	3	4	5	9

89

4	8	9	2	5	1	7	3	6
1	6	3	9	7	4	5	2	8
7	2	5	3	6	8	4	9	1
2	7	4	6	9	3	1	8	5
8	3	1	4	2	5	6	7	9
9	5	6	1	8	7	3	4	2
5	1	7	8	3	2	9	6	4
3	9	2	5	4	6	8	1	7
6	4	8	7	1	9	2	5	3

90

3	8	9	1	6	7	4	2	5
5	6	4	8	3	2	1	7	9
1	7	2	9	4	5	8	6	3
8	2	3	5	9	4	7	1	6
7	1	5	2	8	6	9	3	4
4	9	6	7	1	3	2	5	8
6	3	7	4	2	8	5	9	1
9	5	8	6	7	1	3	4	2
2	4	1	3	5	9	6	8	7

91

6	1	5	8	9	2	7	4	3
2	8	3	6	7	4	5	1	9
9	4	7	1	5	3	6	8	2
4	6	2	9	8	7	1	3	5
1	5	9	3	4	6	2	7	8
7	3	8	2	1	5	4	9	6
8	7	4	5	2	9	3	6	1
3	2	1	4	6	8	9	5	7
5	9	6	7	3	1	8	2	4

92

7	8	9	3	1	5	2	4	6
3	4	2	8	6	7	5	9	1
6	5	1	9	2	4	8	7	3
5	1	3	6	7	8	4	2	9
4	2	7	5	9	3	6	1	8
8	9	6	1	4	2	7	3	5
1	3	4	2	8	6	9	5	7
9	7	8	4	5	1	3	6	2
2	6	5	7	3	9	1	8	4

93

1	7	6	9	2	4	3	5	8
2	3	8	7	6	5	4	9	1
9	4	5	3	1	8	7	6	2
8	6	9	2	5	7	1	3	4
4	1	3	6	8	9	5	2	7
5	2	7	4	3	1	9	8	6
7	8	2	1	9	3	6	4	5
6	9	4	5	7	2	8	1	3
3	5	1	8	4	6	2	7	9

94

8	1	6	4	7	9	2	5	3
7	4	2	3	1	5	6	8	9
3	9	5	2	6	8	4	7	1
6	5	3	7	9	2	8	1	4
9	7	4	1	8	3	5	2	6
2	8	1	6	5	4	3	9	7
5	6	8	9	4	7	1	3	2
4	2	7	8	3	1	9	6	5
1	3	9	5	2	6	7	4	8

95

9	5	4	3	1	2	7	8	6
6	1	3	7	9	8	5	4	2
8	7	2	6	4	5	3	9	1
4	2	8	1	7	3	9	6	5
5	3	9	2	6	4	1	7	8
1	6	7	5	8	9	4	2	3
7	8	5	9	3	6	2	1	4
2	4	1	8	5	7	6	3	9
3	9	6	4	2	1	8	5	7

96

5	2	7	4	9	6	3	1	8
1	4	3	7	8	5	6	9	2
6	8	9	1	2	3	4	7	5
8	3	1	9	6	4	2	5	7
4	5	6	2	1	7	8	3	9
9	7	2	3	5	8	1	6	4
2	1	5	6	4	9	7	8	3
7	9	4	8	3	1	5	2	6
3	6	8	5	7	2	9	4	1

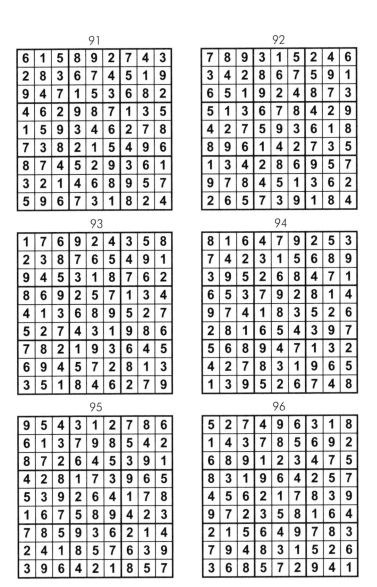

97

9	7	8	2	3	5	4	6	1
3	1	4	6	9	8	7	5	2
2	5	6	4	1	7	3	9	8
6	9	7	5	2	1	8	3	4
4	8	1	7	6	3	9	2	5
5	2	3	9	8	4	1	7	6
7	3	5	1	4	6	2	8	9
8	4	2	3	5	9	6	1	7
1	6	9	8	7	2	5	4	3

98

8	2	5	3	4	9	7	6	1
4	1	9	7	6	8	3	5	2
7	3	6	1	5	2	4	8	9
9	8	7	6	2	3	1	4	5
2	5	4	8	1	7	9	3	6
1	6	3	4	9	5	2	7	8
5	4	1	2	3	6	8	9	7
6	7	2	9	8	4	5	1	3
3	9	8	5	7	1	6	2	4

99

6	7	2	1	8	4	9	3	5
1	4	5	9	3	7	6	2	8
9	3	8	6	2	5	7	4	1
4	8	3	2	7	6	1	5	9
2	9	7	5	4	1	3	8	6
5	1	6	3	9	8	2	7	4
7	6	1	8	5	3	4	9	2
8	2	4	7	1	9	5	6	3
3	5	9	4	6	2	8	1	7

100

5	6	3	9	8	7	4	1	2
2	8	9	5	1	4	3	7	6
7	1	4	6	3	2	9	5	8
3	7	6	4	5	8	1	2	9
9	4	1	2	7	3	6	8	5
8	2	5	1	6	9	7	3	4
6	3	2	7	4	5	8	9	1
4	9	8	3	2	1	5	6	7
1	5	7	8	9	6	2	4	3

101

6	8	1	5	3	7	4	2	9
9	3	2	4	8	6	7	1	5
4	5	7	2	9	1	3	8	6
2	4	6	9	1	3	5	7	8
3	1	8	7	5	2	9	6	4
5	7	9	6	4	8	1	3	2
1	9	3	8	6	4	2	5	7
7	6	5	1	2	9	8	4	3
8	2	4	3	7	5	6	9	1

102

8	6	7	5	4	3	1	9	2
2	4	9	7	8	1	5	6	3
3	5	1	2	6	9	7	4	8
7	3	5	9	2	4	8	1	6
9	1	8	3	5	6	2	7	4
4	2	6	1	7	8	9	3	5
5	8	3	6	9	7	4	2	1
6	7	2	4	1	5	3	8	9
1	9	4	8	3	2	6	5	7

103

6	7	2	5	1	8	4	3	9
9	1	8	7	3	4	6	5	2
5	3	4	6	9	2	1	7	8
4	9	1	2	6	3	7	8	5
7	5	3	1	8	9	2	4	6
2	8	6	4	5	7	3	9	1
1	4	5	9	7	6	8	2	3
8	6	7	3	2	5	9	1	4
3	2	9	8	4	1	5	6	7

104

5	2	4	8	7	3	6	9	1
3	7	1	6	9	5	4	8	2
6	8	9	4	2	1	5	3	7
7	6	5	3	4	2	9	1	8
9	4	8	1	5	7	3	2	6
2	1	3	9	6	8	7	4	5
4	9	2	7	1	6	8	5	3
1	3	6	5	8	9	2	7	4
8	5	7	2	3	4	1	6	9

105

7	2	8	6	3	4	5	1	9
3	1	6	7	5	9	8	2	4
9	5	4	1	8	2	7	6	3
8	6	2	9	1	3	4	7	5
1	9	7	5	4	8	6	3	2
4	3	5	2	7	6	9	8	1
5	7	3	8	9	1	2	4	6
2	8	1	4	6	5	3	9	7
6	4	9	3	2	7	1	5	8

106

6	2	3	7	9	5	8	1	4
7	4	9	1	8	2	6	3	5
5	1	8	3	4	6	7	9	2
4	5	7	2	1	9	3	6	8
2	8	1	6	7	3	4	5	9
3	9	6	8	5	4	2	7	1
8	6	4	5	3	1	9	2	7
1	7	2	9	6	8	5	4	3
9	3	5	4	2	7	1	8	6

107

2	3	1	7	6	8	9	4	5
7	5	9	2	1	4	8	3	6
4	6	8	5	9	3	1	7	2
6	7	4	3	8	1	5	2	9
1	8	2	4	5	9	7	6	3
5	9	3	6	7	2	4	8	1
3	1	7	9	4	6	2	5	8
8	4	6	1	2	5	3	9	7
9	2	5	8	3	7	6	1	4

108

7	3	9	8	1	2	5	4	6
1	5	2	6	7	4	3	8	9
4	6	8	9	3	5	2	7	1
6	4	3	7	5	9	8	1	2
8	9	5	1	2	3	4	6	7
2	1	7	4	8	6	9	3	5
9	7	4	5	6	8	1	2	3
3	8	1	2	9	7	6	5	4
5	2	6	3	4	1	7	9	8

109

6	2	1	8	7	3	9	4	5
9	5	3	1	4	6	7	8	2
4	8	7	9	5	2	3	1	6
3	6	2	5	9	8	1	7	4
8	4	9	7	2	1	5	6	3
7	1	5	3	6	4	8	2	9
2	3	8	4	1	5	6	9	7
1	7	4	6	3	9	2	5	8
5	9	6	2	8	7	4	3	1

110

9	6	3	4	8	1	5	7	2
4	1	7	9	5	2	3	6	8
2	8	5	3	7	6	9	4	1
7	9	2	5	6	3	1	8	4
1	3	4	8	2	7	6	5	9
8	5	6	1	4	9	7	2	3
6	4	9	7	3	8	2	1	5
5	7	1	2	9	4	8	3	6
3	2	8	6	1	5	4	9	7

111

2	7	1	9	5	6	3	8	4
9	6	3	4	8	1	7	5	2
8	5	4	3	2	7	9	6	1
7	3	9	2	6	5	1	4	8
1	8	5	7	4	3	2	9	6
4	2	6	8	1	9	5	3	7
6	1	2	5	3	4	8	7	9
5	4	7	1	9	8	6	2	3
3	9	8	6	7	2	4	1	5

112

7	3	9	6	5	2	4	8	1
5	2	4	1	9	8	7	6	3
8	1	6	4	3	7	5	2	9
1	7	3	5	2	6	8	9	4
6	4	5	8	7	9	1	3	2
2	9	8	3	4	1	6	7	5
4	6	7	9	1	3	2	5	8
9	8	1	2	6	5	3	4	7
3	5	2	7	8	4	9	1	6

113

4	2	8	9	3	5	1	7	6
5	7	1	8	6	2	4	9	3
3	6	9	7	4	1	2	8	5
1	3	5	4	2	8	9	6	7
7	9	6	1	5	3	8	4	2
2	8	4	6	9	7	5	3	1
8	1	2	3	7	9	6	5	4
9	4	3	5	1	6	7	2	8
6	5	7	2	8	4	3	1	9

114

1	8	4	2	5	7	9	6	3
3	6	7	1	9	8	5	2	4
5	2	9	6	4	3	1	7	8
6	5	1	4	7	2	3	8	9
2	4	3	5	8	9	7	1	6
7	9	8	3	6	1	4	5	2
8	1	6	9	3	5	2	4	7
9	7	5	8	2	4	6	3	1
4	3	2	7	1	6	8	9	5

115

9	1	4	7	8	3	5	6	2
5	2	3	4	6	9	8	1	7
8	6	7	5	2	1	9	3	4
7	3	9	2	1	6	4	5	8
6	8	1	9	5	4	2	7	3
4	5	2	3	7	8	1	9	6
1	7	8	6	4	5	3	2	9
3	4	6	1	9	2	7	8	5
2	9	5	8	3	7	6	4	1

116

4	2	3	7	5	1	9	8	6
6	8	1	3	9	4	2	5	7
5	7	9	6	2	8	3	1	4
7	1	8	5	3	6	4	9	2
2	5	6	4	8	9	1	7	3
3	9	4	2	1	7	8	6	5
1	3	7	8	6	2	5	4	9
9	4	5	1	7	3	6	2	8
8	6	2	9	4	5	7	3	1

117

5	7	3	9	2	8	6	1	4
8	6	1	5	4	3	2	9	7
9	4	2	1	7	6	5	8	3
3	5	9	7	6	4	8	2	1
7	1	4	8	5	2	9	3	6
6	2	8	3	9	1	4	7	5
1	9	7	4	8	5	3	6	2
4	3	6	2	1	9	7	5	8
2	8	5	6	3	7	1	4	9

118

2	1	7	5	6	9	4	8	3
9	4	6	7	8	3	1	5	2
8	3	5	1	2	4	9	6	7
5	2	9	6	4	1	3	7	8
4	7	3	9	5	8	2	1	6
1	6	8	3	7	2	5	4	9
3	8	2	4	1	7	6	9	5
6	9	4	8	3	5	7	2	1
7	5	1	2	9	6	8	3	4

119

2	4	9	5	6	1	8	3	7
7	6	8	9	4	3	1	5	2
3	5	1	8	7	2	9	6	4
6	9	3	2	1	5	7	4	8
5	8	7	6	9	4	2	1	3
1	2	4	3	8	7	5	9	6
9	7	6	1	3	8	4	2	5
8	1	5	4	2	6	3	7	9
4	3	2	7	5	9	6	8	1

120

5	9	1	7	4	8	6	3	2
6	3	7	1	9	2	8	5	4
8	2	4	5	6	3	1	9	7
9	7	8	4	1	6	5	2	3
3	4	6	2	5	7	9	1	8
2	1	5	3	8	9	7	4	6
1	8	9	6	2	4	3	7	5
4	5	3	8	7	1	2	6	9
7	6	2	9	3	5	4	8	1

121

1	8	5	3	4	6	9	2	7
3	9	7	8	5	2	6	4	1
4	2	6	1	7	9	8	3	5
7	3	2	4	9	5	1	6	8
5	1	8	6	2	3	7	9	4
6	4	9	7	8	1	3	5	2
8	6	1	5	3	4	2	7	9
9	5	3	2	1	7	4	8	6
2	7	4	9	6	8	5	1	3

122

9	6	1	2	4	3	5	7	8
8	5	3	1	7	6	4	9	2
7	2	4	9	5	8	3	6	1
5	3	2	4	9	1	6	8	7
6	9	8	7	3	2	1	4	5
1	4	7	8	6	5	9	2	3
3	7	9	5	2	4	8	1	6
2	1	6	3	8	9	7	5	4
4	8	5	6	1	7	2	3	9

123

3	1	8	9	7	4	6	5	2
7	2	4	5	1	6	8	3	9
5	9	6	8	3	2	1	7	4
1	6	5	2	8	9	3	4	7
9	4	7	1	6	3	5	2	8
2	8	3	4	5	7	9	6	1
8	7	9	3	4	5	2	1	6
6	3	2	7	9	1	4	8	5
4	5	1	6	2	8	7	9	3

124

5	9	3	2	6	8	4	1	7
4	6	8	7	9	1	2	3	5
1	7	2	5	4	3	8	9	6
8	3	5	9	1	6	7	2	4
6	4	9	8	2	7	3	5	1
2	1	7	4	3	5	9	6	8
7	2	6	3	5	4	1	8	9
9	8	1	6	7	2	5	4	3
3	5	4	1	8	9	6	7	2

125

4	9	1	3	8	6	2	7	5
7	8	3	5	9	2	4	6	1
2	5	6	1	7	4	8	9	3
9	7	4	8	6	5	3	1	2
1	2	5	4	3	7	9	8	6
3	6	8	2	1	9	5	4	7
8	3	7	9	2	1	6	5	4
6	4	9	7	5	3	1	2	8
5	1	2	6	4	8	7	3	9

126

3	1	7	5	4	9	2	8	6
6	9	8	1	3	2	4	7	5
5	2	4	8	7	6	1	9	3
4	6	2	3	8	5	7	1	9
8	5	1	7	9	4	6	3	2
7	3	9	2	6	1	5	4	8
1	4	3	6	5	8	9	2	7
2	8	6	9	1	7	3	5	4
9	7	5	4	2	3	8	6	1

127

9	7	1	8	2	3	4	6	5
3	6	4	9	5	7	1	2	8
8	2	5	1	6	4	7	3	9
4	1	2	3	9	5	6	8	7
6	9	7	2	4	8	3	5	1
5	3	8	6	7	1	9	4	2
2	4	9	7	8	6	5	1	3
1	8	6	5	3	9	2	7	4
7	5	3	4	1	2	8	9	6

128

7	8	4	6	1	3	2	9	5
2	9	1	4	5	8	6	7	3
5	6	3	7	9	2	4	1	8
4	2	5	3	6	9	1	8	7
8	7	9	5	4	1	3	6	2
1	3	6	2	8	7	5	4	9
9	5	2	1	7	4	8	3	6
6	1	8	9	3	5	7	2	4
3	4	7	8	2	6	9	5	1

129

8	5	2	3	4	9	1	6	7
4	3	6	1	7	2	8	5	9
9	1	7	6	5	8	3	4	2
2	4	1	5	9	7	6	8	3
5	7	3	8	2	6	4	9	1
6	8	9	4	1	3	7	2	5
3	2	5	7	8	4	9	1	6
7	9	4	2	6	1	5	3	8
1	6	8	9	3	5	2	7	4

130

4	8	7	5	9	2	1	3	6
5	1	3	7	6	8	2	4	9
2	6	9	4	1	3	5	8	7
9	5	1	2	4	6	3	7	8
7	4	8	3	5	9	6	1	2
3	2	6	1	8	7	9	5	4
6	7	5	8	2	1	4	9	3
1	3	2	9	7	4	8	6	5
8	9	4	6	3	5	7	2	1

131

5	7	6	4	3	8	9	2	1
4	1	8	2	7	9	6	5	3
2	3	9	1	5	6	4	8	7
3	4	7	8	6	1	2	9	5
8	6	1	5	9	2	7	3	4
9	2	5	7	4	3	8	1	6
6	5	2	3	8	7	1	4	9
7	8	4	9	1	5	3	6	2
1	9	3	6	2	4	5	7	8

132

4	5	3	1	8	6	2	7	9
9	8	7	3	2	4	1	6	5
1	6	2	7	5	9	3	4	8
7	2	8	9	6	1	5	3	4
6	3	9	5	4	7	8	2	1
5	4	1	8	3	2	6	9	7
3	1	4	6	9	8	7	5	2
8	9	6	2	7	5	4	1	3
2	7	5	4	1	3	9	8	6

133

5	3	2	4	1	8	6	9	7
7	4	8	9	3	6	1	2	5
1	9	6	5	2	7	3	8	4
3	6	5	1	8	4	2	7	9
8	2	1	3	7	9	4	5	6
9	7	4	2	6	5	8	1	3
4	1	3	7	5	2	9	6	8
6	5	9	8	4	1	7	3	2
2	8	7	6	9	3	5	4	1

134

3	6	4	7	2	8	9	5	1
9	7	5	3	6	1	4	8	2
8	1	2	4	5	9	6	7	3
1	8	7	9	4	5	2	3	6
5	4	9	6	3	2	8	1	7
6	2	3	8	1	7	5	9	4
2	3	8	1	9	4	7	6	5
7	5	6	2	8	3	1	4	9
4	9	1	5	7	6	3	2	8

135

4	6	2	5	8	9	3	1	7
3	9	8	1	6	7	2	4	5
1	5	7	3	4	2	9	8	6
9	7	1	8	3	5	4	6	2
5	3	6	2	1	4	8	7	9
8	2	4	9	7	6	5	3	1
2	8	3	7	5	1	6	9	4
6	1	9	4	2	3	7	5	8
7	4	5	6	9	8	1	2	3

136

1	9	7	2	8	3	5	6	4
2	6	4	7	9	5	1	3	8
8	3	5	1	6	4	2	7	9
6	4	1	8	5	7	3	9	2
5	7	3	9	2	1	4	8	6
9	8	2	3	4	6	7	1	5
3	5	9	4	1	8	6	2	7
4	1	8	6	7	2	9	5	3
7	2	6	5	3	9	8	4	1

137

9	3	4	6	1	8	5	2	7
6	1	5	7	9	2	8	4	3
8	7	2	3	5	4	9	6	1
4	9	7	1	8	6	2	3	5
5	2	6	9	3	7	4	1	8
1	8	3	2	4	5	6	7	9
2	6	1	8	7	9	3	5	4
7	4	8	5	6	3	1	9	2
3	5	9	4	2	1	7	8	6

138

5	1	9	4	7	2	3	6	8
7	3	8	9	1	6	4	5	2
4	2	6	3	5	8	1	7	9
8	9	3	5	2	1	6	4	7
6	7	4	8	3	9	5	2	1
1	5	2	7	6	4	8	9	3
3	6	1	2	4	7	9	8	5
2	8	5	6	9	3	7	1	4
9	4	7	1	8	5	2	3	6

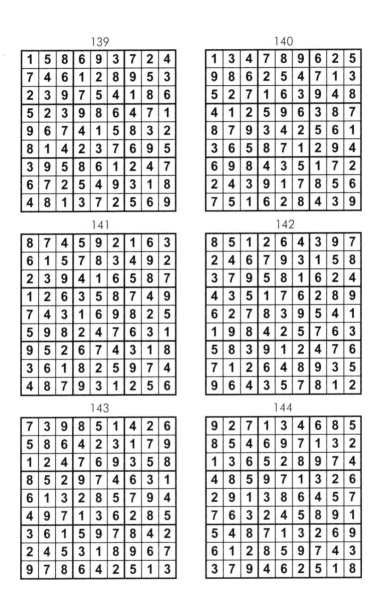

139

1	5	8	6	9	3	7	2	4
7	4	6	1	2	8	9	5	3
2	3	9	7	5	4	1	8	6
5	2	3	9	8	6	4	7	1
9	6	7	4	1	5	8	3	2
8	1	4	2	3	7	6	9	5
3	9	5	8	6	1	2	4	7
6	7	2	5	4	9	3	1	8
4	8	1	3	7	2	5	6	9

140

1	3	4	7	8	9	6	2	5
9	8	6	2	5	4	7	1	3
5	2	7	1	6	3	9	4	8
4	1	2	5	9	6	3	8	7
8	7	9	3	4	2	5	6	1
3	6	5	8	7	1	2	9	4
6	9	8	4	3	5	1	7	2
2	4	3	9	1	7	8	5	6
7	5	1	6	2	8	4	3	9

141

8	7	4	5	9	2	1	6	3
6	1	5	7	8	3	4	9	2
2	3	9	4	1	6	5	8	7
1	2	6	3	5	8	7	4	9
7	4	3	1	6	9	8	2	5
5	9	8	2	4	7	6	3	1
9	5	2	6	7	4	3	1	8
3	6	1	8	2	5	9	7	4
4	8	7	9	3	1	2	5	6

142

8	5	1	2	6	4	3	9	7
2	4	6	7	9	3	1	5	8
3	7	9	5	8	1	6	2	4
4	3	5	1	7	6	2	8	9
6	2	7	8	3	9	5	4	1
1	9	8	4	2	5	7	6	3
5	8	3	9	1	2	4	7	6
7	1	2	6	4	8	9	3	5
9	6	4	3	5	7	8	1	2

143

7	3	9	8	5	1	4	2	6
5	8	6	4	2	3	1	7	9
1	2	4	7	6	9	3	5	8
8	5	2	9	7	4	6	3	1
6	1	3	2	8	5	7	9	4
4	9	7	1	3	6	2	8	5
3	6	1	5	9	7	8	4	2
2	4	5	3	1	8	9	6	7
9	7	8	6	4	2	5	1	3

144

9	2	7	1	3	4	6	8	5
8	5	4	6	9	7	1	3	2
1	3	6	5	2	8	9	7	4
4	8	5	9	7	1	3	2	6
2	9	1	3	8	6	4	5	7
7	6	3	2	4	5	8	9	1
5	4	8	7	1	3	2	6	9
6	1	2	8	5	9	7	4	3
3	7	9	4	6	2	5	1	8

145

6	2	4	3	9	8	7	1	5
5	3	8	7	1	4	6	9	2
7	9	1	5	6	2	4	3	8
8	4	3	9	7	6	5	2	1
2	5	9	4	8	1	3	6	7
1	7	6	2	5	3	8	4	9
3	8	5	6	2	9	1	7	4
4	1	2	8	3	7	9	5	6
9	6	7	1	4	5	2	8	3

146

6	8	5	9	1	7	2	3	4
9	4	1	6	3	2	8	7	5
2	7	3	5	4	8	9	1	6
3	6	2	4	9	1	5	8	7
4	5	8	2	7	3	6	9	1
7	1	9	8	5	6	4	2	3
1	2	6	7	8	5	3	4	9
8	9	7	3	6	4	1	5	2
5	3	4	1	2	9	7	6	8

147

2	6	7	8	1	3	9	4	5
3	5	9	4	2	6	1	8	7
4	1	8	9	5	7	3	2	6
8	7	2	3	6	9	5	1	4
6	4	3	5	8	1	2	7	9
1	9	5	7	4	2	6	3	8
5	2	1	6	7	8	4	9	3
7	3	6	1	9	4	8	5	2
9	8	4	2	3	5	7	6	1

148

5	8	3	4	6	1	7	2	9
4	6	7	2	9	8	5	1	3
9	1	2	7	5	3	4	8	6
7	4	9	6	8	2	3	5	1
1	3	6	9	7	5	2	4	8
2	5	8	3	1	4	6	9	7
8	7	4	5	3	9	1	6	2
6	2	1	8	4	7	9	3	5
3	9	5	1	2	6	8	7	4

149

1	5	3	8	9	6	4	7	2
4	6	2	7	1	5	3	8	9
7	8	9	2	4	3	6	5	1
9	2	7	1	6	8	5	3	4
5	4	6	3	2	9	7	1	8
8	3	1	4	5	7	9	2	6
6	7	5	9	8	1	2	4	3
3	1	4	6	7	2	8	9	5
2	9	8	5	3	4	1	6	7

150

4	9	6	7	3	1	5	8	2
7	2	8	6	4	5	3	9	1
1	5	3	9	2	8	4	6	7
8	4	2	5	6	9	7	1	3
5	6	1	8	7	3	9	2	4
3	7	9	2	1	4	6	5	8
6	1	5	4	8	7	2	3	9
2	3	7	1	9	6	8	4	5
9	8	4	3	5	2	1	7	6

151

6	2	8	7	9	4	3	1	5
3	7	9	1	5	8	6	2	4
4	1	5	3	6	2	9	8	7
9	5	7	6	1	3	8	4	2
2	6	1	4	8	9	7	5	3
8	3	4	5	2	7	1	9	6
7	9	2	8	4	6	5	3	1
1	8	3	2	7	5	4	6	9
5	4	6	9	3	1	2	7	8

152

4	6	9	1	3	7	5	8	2
7	3	8	2	9	5	4	6	1
2	1	5	8	4	6	3	7	9
5	2	4	6	7	1	8	9	3
9	8	6	4	2	3	7	1	5
3	7	1	9	5	8	6	2	4
1	4	7	5	6	2	9	3	8
8	9	3	7	1	4	2	5	6
6	5	2	3	8	9	1	4	7

153

6	2	7	8	3	4	9	1	5
8	9	3	5	1	7	4	2	6
4	1	5	6	2	9	3	8	7
1	6	4	3	8	5	7	9	2
5	3	2	7	9	1	6	4	8
7	8	9	4	6	2	5	3	1
3	5	1	2	4	6	8	7	9
9	4	6	1	7	8	2	5	3
2	7	8	9	5	3	1	6	4

154

8	5	7	6	2	4	9	3	1
4	6	1	3	7	9	5	2	8
3	2	9	5	1	8	7	4	6
1	9	2	8	4	3	6	7	5
5	7	4	1	6	2	8	9	3
6	3	8	7	9	5	2	1	4
2	1	5	9	3	6	4	8	7
7	4	6	2	8	1	3	5	9
9	8	3	4	5	7	1	6	2

155

1	8	6	2	3	7	4	9	5
3	4	5	9	6	1	8	7	2
9	2	7	8	4	5	1	3	6
6	7	8	5	1	9	2	4	3
5	1	2	4	7	3	6	8	9
4	3	9	6	8	2	7	5	1
7	6	1	3	9	8	5	2	4
8	5	3	1	2	4	9	6	7
2	9	4	7	5	6	3	1	8

156

7	8	2	6	3	1	4	9	5
9	4	1	5	2	8	6	7	3
5	3	6	4	7	9	8	1	2
3	6	4	8	1	5	7	2	9
8	1	9	7	6	2	5	3	4
2	5	7	9	4	3	1	6	8
1	9	5	3	8	7	2	4	6
4	7	3	2	5	6	9	8	1
6	2	8	1	9	4	3	5	7

157

4	5	6	8	3	7	9	2	1
8	3	2	4	1	9	5	7	6
1	9	7	6	5	2	8	3	4
9	6	4	1	7	5	3	8	2
3	7	5	2	8	4	6	1	9
2	1	8	9	6	3	4	5	7
7	8	9	5	4	1	2	6	3
5	4	3	7	2	6	1	9	8
6	2	1	3	9	8	7	4	5

158

4	6	8	9	2	1	3	5	7
3	1	9	4	7	5	2	8	6
2	7	5	6	8	3	4	1	9
5	8	7	2	3	6	1	9	4
6	2	4	1	9	7	8	3	5
9	3	1	8	5	4	6	7	2
1	9	2	7	4	8	5	6	3
8	4	3	5	6	9	7	2	1
7	5	6	3	1	2	9	4	8

159

6	5	3	4	9	7	2	8	1
2	4	1	8	5	6	3	9	7
9	7	8	3	2	1	5	4	6
8	2	9	7	1	3	6	5	4
4	1	7	6	8	5	9	2	3
3	6	5	9	4	2	1	7	8
7	9	6	2	3	8	4	1	5
5	3	2	1	7	4	8	6	9
1	8	4	5	6	9	7	3	2

160

8	9	3	6	2	5	7	1	4
6	7	2	1	4	9	5	3	8
1	5	4	7	3	8	2	6	9
4	8	5	2	7	1	6	9	3
7	3	1	9	8	6	4	2	5
2	6	9	4	5	3	8	7	1
5	4	6	3	1	2	9	8	7
9	1	8	5	6	7	3	4	2
3	2	7	8	9	4	1	5	6

161

2	6	1	4	9	5	7	8	3
4	3	8	2	6	7	1	9	5
7	5	9	1	3	8	4	6	2
8	2	3	6	7	1	9	5	4
6	9	4	5	8	2	3	7	1
1	7	5	9	4	3	8	2	6
9	8	2	3	5	4	6	1	7
5	4	6	7	1	9	2	3	8
3	1	7	8	2	6	5	4	9

162

4	3	9	2	8	7	1	5	6
5	2	6	1	3	4	8	9	7
8	7	1	9	5	6	3	2	4
1	5	4	3	2	9	7	6	8
7	9	3	5	6	8	4	1	2
2	6	8	4	7	1	9	3	5
9	8	7	6	1	5	2	4	3
3	4	5	7	9	2	6	8	1
6	1	2	8	4	3	5	7	9

163

5	6	2	7	1	9	8	3	4
1	4	8	3	2	5	6	9	7
7	9	3	8	6	4	1	5	2
4	7	1	5	9	6	3	2	8
2	5	9	1	8	3	7	4	6
8	3	6	4	7	2	9	1	5
6	2	7	9	4	1	5	8	3
3	1	4	6	5	8	2	7	9
9	8	5	2	3	7	4	6	1

164

6	8	9	3	1	2	5	7	4
4	3	1	5	6	7	9	2	8
7	5	2	8	4	9	6	3	1
5	2	4	7	3	8	1	6	9
9	1	3	6	2	4	7	8	5
8	7	6	9	5	1	3	4	2
3	9	8	4	7	5	2	1	6
2	6	5	1	8	3	4	9	7
1	4	7	2	9	6	8	5	3

165

4	3	2	1	8	5	7	6	9
7	6	8	4	9	2	5	1	3
9	5	1	6	7	3	4	8	2
2	8	5	7	6	1	3	9	4
6	1	9	2	3	4	8	5	7
3	7	4	8	5	9	1	2	6
8	2	3	9	1	7	6	4	5
1	9	7	5	4	6	2	3	8
5	4	6	3	2	8	9	7	1

166

3	6	9	4	8	5	7	1	2
7	2	8	9	1	6	5	3	4
1	5	4	3	7	2	8	6	9
8	9	2	6	4	3	1	5	7
4	7	3	1	5	8	2	9	6
6	1	5	7	2	9	3	4	8
2	8	1	5	6	4	9	7	3
9	4	7	8	3	1	6	2	5
5	3	6	2	9	7	4	8	1

167

6	9	2	1	4	8	3	5	7
1	8	4	7	5	3	9	6	2
7	5	3	9	6	2	4	8	1
2	4	5	3	1	6	8	7	9
3	1	7	8	9	5	2	4	6
9	6	8	2	7	4	1	3	5
5	3	6	4	2	1	7	9	8
8	2	9	6	3	7	5	1	4
4	7	1	5	8	9	6	2	3

168

2	1	3	9	5	4	7	8	6
8	4	5	7	6	2	3	9	1
6	9	7	3	8	1	4	2	5
5	2	8	6	7	3	9	1	4
1	3	9	2	4	8	6	5	7
4	7	6	1	9	5	2	3	8
9	8	4	5	2	7	1	6	3
7	6	1	8	3	9	5	4	2
3	5	2	4	1	6	8	7	9

169

9	2	4	8	1	7	6	5	3
7	1	8	6	3	5	2	4	9
3	6	5	2	4	9	7	1	8
5	3	2	1	7	4	9	8	6
1	9	6	3	2	8	5	7	4
4	8	7	9	5	6	1	3	2
8	7	1	4	9	2	3	6	5
6	5	9	7	8	3	4	2	1
2	4	3	5	6	1	8	9	7

170

7	1	8	4	5	9	2	3	6
6	4	3	7	1	2	9	5	8
2	5	9	3	6	8	7	4	1
9	3	6	2	7	4	8	1	5
4	7	5	8	9	1	6	2	3
8	2	1	5	3	6	4	9	7
3	9	4	1	8	7	5	6	2
5	8	2	6	4	3	1	7	9
1	6	7	9	2	5	3	8	4

171

3	8	5	4	9	2	7	6	1
4	7	6	1	5	3	8	2	9
1	9	2	8	6	7	4	3	5
7	1	4	9	3	8	2	5	6
8	5	3	6	2	1	9	4	7
2	6	9	5	7	4	3	1	8
6	2	1	7	4	9	5	8	3
5	3	7	2	8	6	1	9	4
9	4	8	3	1	5	6	7	2

172

6	5	8	9	1	4	7	2	3
1	7	2	8	3	5	4	9	6
4	9	3	7	6	2	8	5	1
9	3	1	4	5	8	6	7	2
2	4	5	6	9	7	3	1	8
8	6	7	3	2	1	9	4	5
7	2	4	5	8	3	1	6	9
3	1	6	2	4	9	5	8	7
5	8	9	1	7	6	2	3	4

173

9	4	2	5	1	3	7	6	8
5	3	6	7	8	9	4	1	2
1	8	7	4	6	2	5	3	9
4	7	8	2	3	5	1	9	6
6	1	5	9	4	8	3	2	7
2	9	3	1	7	6	8	5	4
8	6	1	3	9	4	2	7	5
3	5	4	6	2	7	9	8	1
7	2	9	8	5	1	6	4	3

174

5	9	4	1	8	2	3	6	7
2	8	1	7	6	3	4	9	5
6	7	3	9	4	5	1	2	8
1	3	7	8	2	9	6	5	4
8	4	6	3	5	7	2	1	9
9	2	5	6	1	4	8	7	3
4	1	2	5	9	8	7	3	6
3	5	8	2	7	6	9	4	1
7	6	9	4	3	1	5	8	2

175

4	7	8	2	5	3	9	1	6
9	1	5	8	6	4	7	3	2
3	6	2	7	9	1	5	8	4
6	8	9	3	2	7	4	5	1
1	2	3	9	4	5	6	7	8
5	4	7	6	1	8	2	9	3
8	9	6	5	3	2	1	4	7
2	3	1	4	7	9	8	6	5
7	5	4	1	8	6	3	2	9

176

3	2	9	1	6	5	4	8	7
5	7	4	9	3	8	2	1	6
6	1	8	2	7	4	5	9	3
4	3	5	6	2	9	8	7	1
2	6	1	8	4	7	3	5	9
8	9	7	3	5	1	6	4	2
9	4	2	7	8	3	1	6	5
1	8	3	5	9	6	7	2	4
7	5	6	4	1	2	9	3	8

177

7	2	1	5	4	6	9	3	8
3	8	6	2	7	9	4	1	5
9	4	5	3	8	1	2	7	6
8	3	4	6	5	7	1	2	9
1	5	2	8	9	4	7	6	3
6	9	7	1	2	3	8	5	4
5	7	8	4	3	2	6	9	1
4	1	9	7	6	5	3	8	2
2	6	3	9	1	8	5	4	7

178

8	3	2	6	5	1	4	9	7
9	6	1	4	7	8	5	3	2
4	7	5	2	9	3	1	8	6
7	2	6	1	3	4	9	5	8
5	4	8	9	6	7	2	1	3
1	9	3	8	2	5	6	7	4
6	1	7	3	4	9	8	2	5
3	8	4	5	1	2	7	6	9
2	5	9	7	8	6	3	4	1

179

9	6	3	1	8	7	4	2	5
8	4	7	3	5	2	6	9	1
2	1	5	4	6	9	8	7	3
1	8	6	5	2	3	9	4	7
7	5	9	6	1	4	2	3	8
3	2	4	7	9	8	1	5	6
5	9	2	8	3	1	7	6	4
6	7	8	9	4	5	3	1	2
4	3	1	2	7	6	5	8	9

180

1	4	7	5	8	3	6	2	9
9	5	3	6	2	4	1	7	8
6	8	2	9	7	1	5	4	3
4	7	9	2	5	8	3	6	1
5	3	6	7	1	9	2	8	4
2	1	8	4	3	6	9	5	7
8	9	5	1	4	2	7	3	6
7	6	4	3	9	5	8	1	2
3	2	1	8	6	7	4	9	5

181

1	8	7	3	9	4	5	6	2
9	2	3	6	1	5	4	7	8
4	5	6	7	8	2	9	3	1
8	6	1	9	2	7	3	5	4
2	3	5	4	6	1	7	8	9
7	9	4	8	5	3	2	1	6
3	7	2	1	4	6	8	9	5
5	1	8	2	7	9	6	4	3
6	4	9	5	3	8	1	2	7

182

1	4	6	9	3	2	8	7	5
7	9	8	6	5	1	2	4	3
5	2	3	7	4	8	1	6	9
4	1	7	5	8	3	6	9	2
2	8	9	4	1	6	5	3	7
6	3	5	2	9	7	4	8	1
8	6	1	3	2	9	7	5	4
3	5	2	8	7	4	9	1	6
9	7	4	1	6	5	3	2	8

183

6	9	8	7	1	2	5	3	4
3	1	7	5	4	9	8	6	2
5	2	4	3	8	6	7	9	1
7	6	5	1	3	8	4	2	9
2	3	1	4	9	5	6	8	7
8	4	9	6	2	7	3	1	5
4	5	2	9	6	3	1	7	8
1	8	3	2	7	4	9	5	6
9	7	6	8	5	1	2	4	3

184

2	3	4	5	6	1	8	9	7
5	7	1	8	9	2	6	4	3
9	8	6	4	7	3	1	5	2
6	2	7	3	4	8	9	1	5
3	4	9	1	5	7	2	6	8
1	5	8	9	2	6	7	3	4
7	9	3	2	1	4	5	8	6
4	1	2	6	8	5	3	7	9
8	6	5	7	3	9	4	2	1

185

8	9	7	3	6	2	4	5	1
1	4	3	5	9	7	2	8	6
5	2	6	8	4	1	3	7	9
3	5	4	9	1	8	6	2	7
7	8	9	4	2	6	1	3	5
6	1	2	7	3	5	8	9	4
4	7	5	6	8	3	9	1	2
2	6	8	1	5	9	7	4	3
9	3	1	2	7	4	5	6	8

186

9	3	1	8	7	6	2	4	5
8	4	6	5	1	2	7	3	9
7	5	2	9	3	4	8	1	6
5	2	4	3	8	7	6	9	1
1	8	9	4	6	5	3	7	2
6	7	3	1	2	9	4	5	8
3	6	5	2	4	1	9	8	7
2	9	8	7	5	3	1	6	4
4	1	7	6	9	8	5	2	3

187

8	3	6	9	2	1	7	5	4
1	2	4	5	8	7	3	6	9
9	5	7	3	6	4	8	1	2
2	8	9	4	3	5	6	7	1
6	4	1	8	7	9	2	3	5
5	7	3	6	1	2	9	4	8
7	9	8	1	4	3	5	2	6
3	1	5	2	9	6	4	8	7
4	6	2	7	5	8	1	9	3

188

8	2	9	6	4	7	1	5	3
4	5	3	1	2	8	7	6	9
1	7	6	3	9	5	8	4	2
2	8	7	9	5	3	6	1	4
6	9	1	4	8	2	5	3	7
3	4	5	7	1	6	9	2	8
9	6	8	5	3	4	2	7	1
7	3	2	8	6	1	4	9	5
5	1	4	2	7	9	3	8	6

189

2	7	4	8	6	3	1	5	9
9	8	1	7	4	5	2	3	6
3	5	6	1	2	9	4	8	7
6	9	8	2	3	4	5	7	1
1	2	7	9	5	8	3	6	4
4	3	5	6	7	1	8	9	2
5	6	3	4	1	7	9	2	8
7	4	9	3	8	2	6	1	5
8	1	2	5	9	6	7	4	3

190

9	1	6	2	3	4	7	5	8
8	4	3	9	5	7	2	6	1
5	7	2	8	1	6	3	4	9
7	2	9	3	4	8	5	1	6
4	5	8	7	6	1	9	3	2
6	3	1	5	2	9	4	8	7
1	8	5	4	7	2	6	9	3
3	6	7	1	9	5	8	2	4
2	9	4	6	8	3	1	7	5

191

8	1	5	6	2	4	9	7	3
3	9	6	1	8	7	2	4	5
4	2	7	9	5	3	6	8	1
9	7	2	5	3	1	4	6	8
6	4	3	7	9	8	5	1	2
1	5	8	2	4	6	7	3	9
5	8	4	3	7	9	1	2	6
7	6	9	8	1	2	3	5	4
2	3	1	4	6	5	8	9	7

192

5	4	6	3	8	9	7	1	2
3	7	9	1	6	2	5	8	4
2	8	1	7	5	4	3	6	9
6	1	5	4	2	7	9	3	8
8	3	2	9	1	5	6	4	7
7	9	4	8	3	6	2	5	1
9	6	8	2	4	3	1	7	5
4	2	3	5	7	1	8	9	6
1	5	7	6	9	8	4	2	3

193

3	9	4	8	2	5	7	1	6
1	5	6	9	7	3	4	8	2
7	2	8	1	4	6	5	9	3
5	1	9	7	3	8	2	6	4
4	3	2	5	6	9	1	7	8
6	8	7	2	1	4	3	5	9
2	6	5	4	8	1	9	3	7
9	7	3	6	5	2	8	4	1
8	4	1	3	9	7	6	2	5

194

4	7	6	5	3	8	1	9	2
5	2	3	6	9	1	4	8	7
9	1	8	7	2	4	5	3	6
7	3	1	2	8	6	9	4	5
2	5	9	3	4	7	6	1	8
6	8	4	9	1	5	7	2	3
3	6	2	4	7	9	8	5	1
8	4	7	1	5	2	3	6	9
1	9	5	8	6	3	2	7	4

195

1	3	4	7	5	6	8	9	2
2	8	5	4	1	9	3	7	6
6	9	7	3	8	2	4	1	5
8	7	6	5	9	4	1	2	3
3	1	2	6	7	8	5	4	9
4	5	9	2	3	1	7	6	8
5	4	8	9	2	7	6	3	1
9	6	3	1	4	5	2	8	7
7	2	1	8	6	3	9	5	4

196

5	3	6	4	2	7	1	9	8
7	1	2	8	9	6	4	5	3
8	4	9	5	1	3	7	2	6
1	9	8	6	4	2	5	3	7
2	6	7	3	5	1	8	4	9
4	5	3	7	8	9	6	1	2
6	8	1	9	3	5	2	7	4
3	7	5	2	6	4	9	8	1
9	2	4	1	7	8	3	6	5

197

7	5	9	6	3	2	4	8	1
1	3	2	8	4	5	9	7	6
6	4	8	1	7	9	3	5	2
8	6	4	9	2	7	5	1	3
9	7	5	3	1	8	2	6	4
2	1	3	5	6	4	8	9	7
4	9	7	2	5	1	6	3	8
5	2	6	7	8	3	1	4	9
3	8	1	4	9	6	7	2	5

198

6	2	8	5	4	7	9	3	1
1	9	3	2	6	8	7	5	4
4	7	5	3	9	1	8	2	6
7	1	9	4	8	3	5	6	2
8	6	2	9	1	5	4	7	3
3	5	4	6	7	2	1	9	8
2	8	7	1	3	9	6	4	5
5	4	1	7	2	6	3	8	9
9	3	6	8	5	4	2	1	7

199

1	4	2	7	8	3	5	6	9
5	8	7	1	9	6	3	2	4
3	9	6	2	4	5	1	8	7
8	7	9	6	5	4	2	3	1
2	6	3	9	7	1	4	5	8
4	1	5	3	2	8	9	7	6
9	5	8	4	3	7	6	1	2
7	2	1	5	6	9	8	4	3
6	3	4	8	1	2	7	9	5

200

6	3	5	4	7	2	9	1	8
2	8	7	1	9	3	5	6	4
1	9	4	8	6	5	7	3	2
5	7	1	6	3	4	2	8	9
8	4	9	2	5	1	6	7	3
3	2	6	7	8	9	1	4	5
9	1	8	3	2	7	4	5	6
4	5	3	9	1	6	8	2	7
7	6	2	5	4	8	3	9	1

201

8	2	9	3	4	1	6	7	5
4	1	5	8	7	6	2	3	9
6	7	3	9	2	5	8	1	4
7	6	8	4	9	3	1	5	2
2	3	1	5	8	7	4	9	6
5	9	4	1	6	2	3	8	7
3	4	2	7	5	8	9	6	1
1	5	6	2	3	9	7	4	8
9	8	7	6	1	4	5	2	3

202

5	3	2	4	6	8	1	7	9
8	1	6	3	7	9	5	2	4
7	4	9	5	1	2	3	6	8
6	7	1	8	5	4	9	3	2
2	5	3	7	9	1	4	8	6
9	8	4	2	3	6	7	5	1
1	2	7	6	4	3	8	9	5
4	6	5	9	8	7	2	1	3
3	9	8	1	2	5	6	4	7

203

6	4	3	1	5	8	7	9	2
2	8	1	4	9	7	6	5	3
5	7	9	6	2	3	1	4	8
7	6	2	9	1	4	3	8	5
3	5	4	8	7	2	9	6	1
1	9	8	3	6	5	2	7	4
9	2	7	5	4	1	8	3	6
4	3	6	2	8	9	5	1	7
8	1	5	7	3	6	4	2	9

204

1	2	6	4	9	7	3	5	8
7	5	3	8	6	1	9	4	2
8	4	9	5	2	3	1	7	6
4	3	8	1	5	6	2	9	7
6	1	7	2	8	9	4	3	5
2	9	5	3	7	4	6	8	1
9	8	2	6	3	5	7	1	4
5	7	4	9	1	2	8	6	3
3	6	1	7	4	8	5	2	9

205

8	4	6	2	9	1	3	7	5
1	7	3	5	8	6	9	4	2
5	2	9	3	4	7	1	6	8
6	9	8	4	7	3	5	2	1
4	5	2	1	6	8	7	3	9
3	1	7	9	5	2	4	8	6
9	3	5	8	2	4	6	1	7
2	6	4	7	1	9	8	5	3
7	8	1	6	3	5	2	9	4

206

2	7	5	3	4	9	1	6	8
4	6	9	5	1	8	7	2	3
3	8	1	6	2	7	9	4	5
9	5	4	7	6	2	3	8	1
8	1	2	9	3	5	4	7	6
7	3	6	4	8	1	2	5	9
5	4	3	2	9	6	8	1	7
6	9	8	1	7	4	5	3	2
1	2	7	8	5	3	6	9	4

207

6	7	3	5	4	1	2	9	8
5	9	1	6	8	2	7	4	3
4	8	2	9	3	7	1	5	6
2	6	9	4	1	3	8	7	5
1	5	7	8	2	6	4	3	9
3	4	8	7	5	9	6	1	2
8	2	5	3	7	4	9	6	1
7	3	6	1	9	8	5	2	4
9	1	4	2	6	5	3	8	7

208

3	1	7	4	9	2	5	8	6
9	5	8	6	7	3	4	1	2
4	6	2	8	5	1	3	9	7
6	9	1	3	4	8	2	7	5
8	7	4	2	6	5	9	3	1
2	3	5	7	1	9	8	6	4
7	8	3	5	2	6	1	4	9
1	2	6	9	3	4	7	5	8
5	4	9	1	8	7	6	2	3

209

3	7	9	4	8	6	5	2	1
1	4	6	3	5	2	9	7	8
8	2	5	9	7	1	4	3	6
6	1	8	5	3	9	7	4	2
7	5	4	1	2	8	3	6	9
2	9	3	7	6	4	1	8	5
4	6	7	8	9	5	2	1	3
9	3	2	6	1	7	8	5	4
5	8	1	2	4	3	6	9	7

210

6	2	4	8	1	9	7	3	5
7	9	1	5	3	6	4	2	8
8	5	3	7	2	4	1	6	9
2	6	5	4	8	1	9	7	3
3	4	9	2	6	7	8	5	1
1	8	7	9	5	3	6	4	2
4	3	8	6	9	2	5	1	7
5	1	6	3	7	8	2	9	4
9	7	2	1	4	5	3	8	6

211

2	7	3	5	9	4	8	1	6
1	9	8	3	6	7	5	2	4
5	6	4	2	1	8	3	9	7
4	5	6	7	3	1	9	8	2
9	1	7	8	2	5	4	6	3
8	3	2	6	4	9	1	7	5
6	8	1	4	7	3	2	5	9
7	4	9	1	5	2	6	3	8
3	2	5	9	8	6	7	4	1

212

7	9	1	4	2	3	8	5	6
6	3	2	7	8	5	9	4	1
8	4	5	9	6	1	7	2	3
1	6	9	8	7	2	4	3	5
5	8	3	1	4	6	2	9	7
2	7	4	3	5	9	1	6	8
9	5	8	2	3	7	6	1	4
3	1	7	6	9	4	5	8	2
4	2	6	5	1	8	3	7	9

213

3	6	2	4	7	5	1	9	8
1	9	7	6	8	3	5	4	2
4	5	8	2	1	9	3	7	6
8	1	9	7	5	2	6	3	4
5	7	4	3	6	8	2	1	9
6	2	3	9	4	1	7	8	5
9	4	1	5	3	6	8	2	7
7	3	6	8	2	4	9	5	1
2	8	5	1	9	7	4	6	3

214

3	6	8	5	7	4	2	1	9
9	1	7	3	8	2	6	5	4
4	2	5	6	1	9	7	3	8
8	9	4	2	5	1	3	6	7
1	7	2	4	6	3	9	8	5
5	3	6	8	9	7	1	4	2
7	4	9	1	3	5	8	2	6
2	8	1	7	4	6	5	9	3
6	5	3	9	2	8	4	7	1

215

2	5	9	7	1	6	8	3	4
8	1	4	3	9	2	5	6	7
7	3	6	5	4	8	2	9	1
3	4	2	9	6	5	1	7	8
9	7	8	4	3	1	6	5	2
5	6	1	2	8	7	9	4	3
6	2	7	8	5	4	3	1	9
1	8	3	6	7	9	4	2	5
4	9	5	1	2	3	7	8	6

216

7	2	6	1	4	3	5	9	8
3	4	8	9	7	5	2	6	1
5	1	9	2	8	6	7	3	4
9	7	2	5	6	1	4	8	3
8	5	1	3	2	4	6	7	9
6	3	4	7	9	8	1	2	5
2	9	3	4	1	7	8	5	6
1	8	5	6	3	2	9	4	7
4	6	7	8	5	9	3	1	2

217

7	3	5	6	2	4	8	9	1
2	9	8	3	7	1	4	6	5
6	4	1	8	5	9	7	2	3
9	5	2	7	1	3	6	8	4
3	1	7	4	8	6	9	5	2
4	8	6	2	9	5	1	3	7
8	7	9	1	3	2	5	4	6
5	6	3	9	4	7	2	1	8
1	2	4	5	6	8	3	7	9

218

4	5	1	3	2	6	7	8	9
2	7	3	1	9	8	5	6	4
6	8	9	5	4	7	2	1	3
5	9	2	8	3	1	4	7	6
7	1	4	2	6	5	9	3	8
3	6	8	4	7	9	1	5	2
9	3	6	7	5	4	8	2	1
8	4	7	6	1	2	3	9	5
1	2	5	9	8	3	6	4	7

219

6	2	8	9	4	1	5	3	7
7	4	3	2	5	6	9	1	8
1	9	5	8	7	3	2	4	6
9	1	2	5	6	7	3	8	4
5	8	6	3	2	4	1	7	9
3	7	4	1	8	9	6	2	5
2	6	1	7	9	8	4	5	3
8	3	9	4	1	5	7	6	2
4	5	7	6	3	2	8	9	1

220

4	7	6	8	2	9	1	3	5
5	1	9	4	7	3	6	2	8
3	8	2	6	5	1	4	7	9
8	6	3	9	4	5	7	1	2
1	9	5	7	6	2	3	8	4
7	2	4	1	3	8	5	9	6
6	3	7	2	9	4	8	5	1
9	5	8	3	1	6	2	4	7
2	4	1	5	8	7	9	6	3

221

2	4	5	8	7	6	3	1	9
3	7	6	5	1	9	2	4	8
8	1	9	3	4	2	5	7	6
7	9	2	1	3	8	4	6	5
4	3	8	6	5	7	9	2	1
6	5	1	9	2	4	8	3	7
9	6	3	2	8	1	7	5	4
1	2	7	4	9	5	6	8	3
5	8	4	7	6	3	1	9	2

222

6	9	8	7	4	5	1	2	3
1	2	5	9	8	3	4	7	6
4	7	3	1	2	6	8	5	9
2	4	9	5	3	7	6	8	1
8	1	7	2	6	9	3	4	5
3	5	6	4	1	8	2	9	7
7	8	2	6	9	1	5	3	4
9	3	1	8	5	4	7	6	2
5	6	4	3	7	2	9	1	8

223

1	6	2	3	4	9	7	5	8
4	7	5	1	2	8	9	3	6
9	8	3	7	6	5	1	2	4
3	1	9	6	5	7	4	8	2
7	2	8	4	1	3	6	9	5
6	5	4	9	8	2	3	1	7
8	3	7	2	9	4	5	6	1
2	9	1	5	7	6	8	4	3
5	4	6	8	3	1	2	7	9

224

3	2	6	8	4	9	5	1	7
1	5	8	7	3	6	2	9	4
7	9	4	5	1	2	3	8	6
8	1	9	2	6	5	7	4	3
6	3	2	1	7	4	8	5	9
4	7	5	3	9	8	1	6	2
9	8	1	6	2	3	4	7	5
2	6	7	4	5	1	9	3	8
5	4	3	9	8	7	6	2	1

225

7	6	8	3	4	5	9	1	2
3	5	4	9	1	2	8	7	6
2	1	9	8	6	7	3	4	5
5	3	2	4	7	6	1	8	9
8	4	1	2	9	3	6	5	7
9	7	6	1	5	8	2	3	4
6	2	3	7	8	4	5	9	1
4	9	5	6	3	1	7	2	8
1	8	7	5	2	9	4	6	3

226

1	7	3	5	6	8	4	2	9
2	9	6	4	3	1	5	8	7
4	5	8	2	7	9	6	3	1
8	1	7	3	9	5	2	4	6
9	4	2	7	8	6	3	1	5
3	6	5	1	2	4	9	7	8
5	2	1	6	4	7	8	9	3
6	8	4	9	1	3	7	5	2
7	3	9	8	5	2	1	6	4

227

7	6	5	9	4	8	1	2	3
1	8	3	2	7	5	6	4	9
4	2	9	1	3	6	7	8	5
9	5	6	4	8	7	2	3	1
2	4	7	5	1	3	8	9	6
3	1	8	6	9	2	5	7	4
8	9	1	7	5	4	3	6	2
5	7	2	3	6	9	4	1	8
6	3	4	8	2	1	9	5	7

228

2	8	7	1	9	4	5	6	3
6	4	1	5	3	7	8	2	9
5	3	9	6	8	2	4	1	7
4	9	6	2	5	3	7	8	1
3	7	2	4	1	8	9	5	6
8	1	5	7	6	9	3	4	2
7	5	4	9	2	6	1	3	8
1	2	8	3	7	5	6	9	4
9	6	3	8	4	1	2	7	5

229

7	1	2	6	5	9	4	3	8
9	5	8	4	7	3	2	1	6
6	3	4	1	2	8	9	5	7
8	2	7	3	4	1	6	9	5
1	9	5	7	6	2	3	8	4
3	4	6	8	9	5	7	2	1
2	6	9	5	8	7	1	4	3
5	7	3	9	1	4	8	6	2
4	8	1	2	3	6	5	7	9

230

2	9	8	6	7	1	4	5	3
7	1	6	3	5	4	8	2	9
3	4	5	2	8	9	6	1	7
9	7	3	1	2	8	5	4	6
1	5	4	7	6	3	2	9	8
6	8	2	9	4	5	3	7	1
4	2	9	8	3	7	1	6	5
8	6	7	5	1	2	9	3	4
5	3	1	4	9	6	7	8	2

231

5	2	8	1	9	3	7	4	6
1	9	4	6	2	7	5	3	8
6	7	3	8	5	4	1	9	2
8	1	6	9	7	2	4	5	3
2	3	7	5	4	6	9	8	1
9	4	5	3	1	8	6	2	7
3	5	1	2	6	9	8	7	4
7	6	2	4	8	5	3	1	9
4	8	9	7	3	1	2	6	5

232

3	7	1	6	2	5	4	8	9
2	6	8	3	9	4	5	1	7
4	9	5	8	7	1	6	2	3
1	5	6	7	4	2	9	3	8
8	2	3	9	5	6	7	4	1
7	4	9	1	8	3	2	6	5
6	8	4	5	1	9	3	7	2
9	3	7	2	6	8	1	5	4
5	1	2	4	3	7	8	9	6

233

2	1	5	9	6	7	8	4	3
9	6	7	8	4	3	2	5	1
3	8	4	2	1	5	9	6	7
4	7	3	6	5	2	1	9	8
5	9	8	7	3	1	6	2	4
1	2	6	4	8	9	3	7	5
6	4	1	5	2	8	7	3	9
7	3	2	1	9	4	5	8	6
8	5	9	3	7	6	4	1	2

234

4	9	6	2	3	8	7	5	1
1	2	5	7	4	6	3	9	8
7	8	3	9	5	1	4	6	2
6	7	2	3	8	9	1	4	5
5	4	1	6	2	7	9	8	3
8	3	9	4	1	5	2	7	6
2	6	7	5	9	3	8	1	4
3	5	8	1	7	4	6	2	9
9	1	4	8	6	2	5	3	7

235

2	6	8	4	3	9	7	1	5
1	7	3	2	5	8	4	6	9
9	5	4	6	7	1	2	8	3
3	1	2	5	9	6	8	7	4
6	8	5	7	4	3	1	9	2
7	4	9	8	1	2	5	3	6
8	9	1	3	2	4	6	5	7
4	3	7	1	6	5	9	2	8
5	2	6	9	8	7	3	4	1

236

6	2	4	7	5	3	9	1	8
7	9	1	6	4	8	2	3	5
5	8	3	2	9	1	6	7	4
3	7	8	9	6	5	1	4	2
2	4	9	8	1	7	3	5	6
1	6	5	3	2	4	7	8	9
8	3	6	4	7	9	5	2	1
4	5	2	1	3	6	8	9	7
9	1	7	5	8	2	4	6	3

237

4	5	7	1	2	6	8	3	9
3	2	9	8	5	7	1	6	4
8	1	6	9	3	4	5	7	2
5	6	8	7	4	2	3	9	1
2	9	3	5	1	8	6	4	7
1	7	4	6	9	3	2	5	8
7	3	2	4	6	1	9	8	5
6	8	5	2	7	9	4	1	3
9	4	1	3	8	5	7	2	6

238

3	1	8	4	5	2	9	7	6
7	6	5	8	3	9	4	2	1
9	4	2	7	6	1	3	8	5
8	3	9	2	7	6	1	5	4
1	5	4	3	9	8	2	6	7
6	2	7	5	1	4	8	9	3
5	8	1	6	2	3	7	4	9
2	7	3	9	4	5	6	1	8
4	9	6	1	8	7	5	3	2

239

9	5	3	2	7	1	4	6	8
2	4	1	3	6	8	5	7	9
6	7	8	4	5	9	2	3	1
1	3	7	8	4	6	9	5	2
5	2	9	7	1	3	8	4	6
8	6	4	5	9	2	7	1	3
4	9	2	6	3	5	1	8	7
3	1	5	9	8	7	6	2	4
7	8	6	1	2	4	3	9	5

240

9	1	8	6	7	2	5	4	3
7	3	2	4	5	9	8	6	1
5	6	4	1	8	3	2	9	7
2	7	5	9	3	1	6	8	4
6	8	1	7	4	5	3	2	9
4	9	3	2	6	8	7	1	5
1	2	7	5	9	6	4	3	8
8	5	6	3	1	4	9	7	2
3	4	9	8	2	7	1	5	6